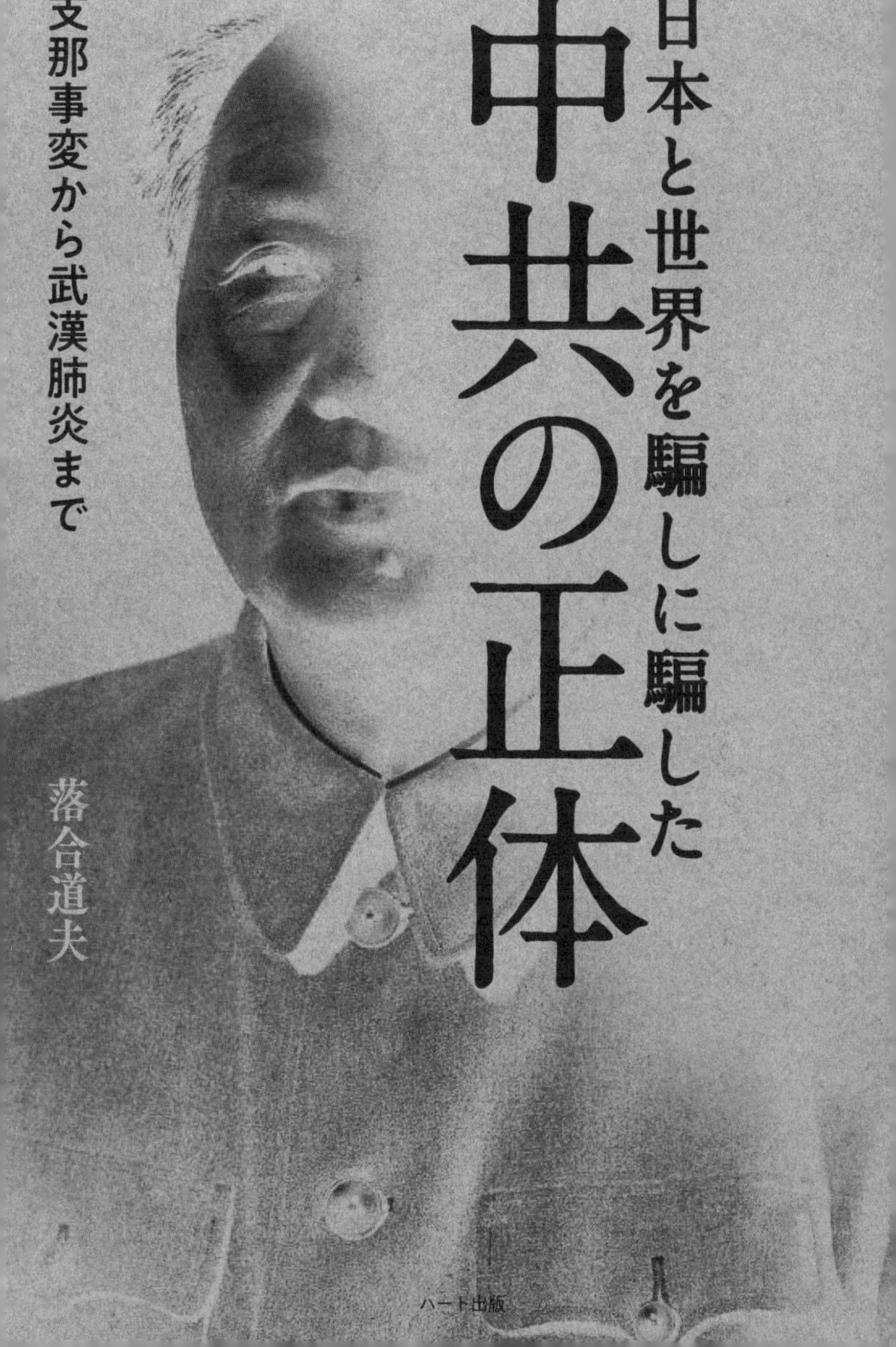

日本と世界を騙しに騙した
中共の正体

支那事変から武漢肺炎まで

落合道夫

ハート出版

はじめに

今、世界は中共武漢発の新型コロナウイルスの伝染で大きな混乱が拡がっている。多くの人命の損失に加えて世界中で生産活動が止まり、その損害はどれほどになるか全く想像もつかない状況だ。しかし中共政府はこの感染の原発地の武漢の管理責任があるのに、ウイルスの生成の場所が不明だとか、米国から持ち込まれた可能性があるなどと強弁し謝らない。この無責任ぶりは、常に中共から歴史を鑑《かがみ》にしろと非難され贖罪意識を強制させられてきた日本人にとっては実に腹立たしい限りだ。また、肝心の歴代日本政府が中共の歴史非難に反論もせず弱腰なのも大いに不満だ。

このように**中共が日本を敵視し上から目線でいるのは、なぜなのか**。日本人が近代史を知らないからではないか。それは支那事変と中共の正体だ。日本人は歴史の真実を知らず騙されてきたのではないか。

日本では支那事変はいまだに原因が分かっていないとされている。盧溝橋の謎の一発で始まったというが、近代戦は巨大な補給戦だ。やくざの出入りではない。その後、確かに日本は支那の広大な地域を占領したが、もともといつまでも占領を続けようとしたわけではない。必死に撤退しようとした。それなのに、撤退を妨害したのは蒋介石のほうだった。しかし現代日本人は事情を知らず、日本軍が中国大陸を占領したから悪いと短絡的に思っているのではないか。

こんな盧溝橋の売り子の挿話がある。作家の早坂隆氏は、戦後北京《ペキン》の盧溝橋を観光し近くの売店で写真集を購入した。すると売り子の中年女が、早坂氏が日本人と分かると何か言う。通訳に聞くと「日本人だから謝罪しろ」といっていると言う。驚いた早坂氏は一瞬迷ったが、拒否して立ち去った。すると悪口が後ろから飛んできた。おそらく謝った日本人がいたのだろう。(『戦時演芸慰問団「わらわし隊」の記録』早坂隆・著　中央公論新社)

支那事変とは、日本政府が逃げ遅れた居留民保護のために上海に出兵したところ、足止めされ、泥沼の国共内戦に引きずり込まれて帰れなくなったというのが実態だ。だから支那事変は「もらい事故」であり、日本のほうが被害者なのだ。

戦後の有名な挿話を紹介しよう。一九六四年、日本社会党の訪中団が毛沢東と会談し、支那事変について毛沢東に謝ると、毛沢東は「共産党が国民党軍を破り政権を取れたのは日本軍のおかげです」と逆にお礼を言ったのである。しかし訪中団は支那事変の実態を知らなかったので、ポカンとして毛沢東の言葉の意味が理解できなかった。実はこの戦争では日本は四十五万人もの前途ある青年を殺され、莫大な資産を失い最後には三百万人もの日本人が米軍のおかげで命からがら大陸から脱出したのである。毛沢東の好きな格言は「馬鹿は大石を持ち上げて自分の脚の上に落とす」であったという。馬鹿が誰かは言うまでもない。

日本を圧迫している中華人民共和国（中共）とは何者なのか。（中共は中国共産党の略称だが、日本では一九七一年頃までは中華人民共和国の略称でもあった）。中共は徹底した秘密主義と偽情報で長いあいだ正体が分からなかったが、毛沢東の死後、経済開放による人と情報の交流と特にSNSの普及によりだいぶ様子が分かってきた。社会主義国というが社会は平等どころか差別だらけだ。幹部と家族は世界的な大金持ちだ。そして国民に参政権がない。このため民主化を求めるデモが各地で起きている。特に今回の武漢肺炎事件の対応の不誠実性で中共政権の化けの皮が一挙に剥がれたのではないか。米国の歴史学者E・ルトワックは産経新聞の記者に「この事件は中国が虚言の国であることを白日の下にさらした」と述べている。そして中共を作った毛沢東とは何者なのか。

自由中国人の苗剣秋氏は、**戦後の日本人は自国を過小評価し中共を過大評価している**と忠告している。そこでこの誤解の原因となっている支那事変と中共を新しい資料や考え方で分析し見直すことにしたい。

注：本文で引用した文章は抄訳抜粋なので正確には原本を読んでいただきたい。

長征コース略図
1934年の革命根拠地
1935年の革命根拠地
1936年に紅軍が西征して拡大した革命根拠地
革命遊撃根拠地および遊撃区
文中の日本軍基地
第一方面軍(毛沢東)
第二方面軍
第四方面軍(張国燾)
第六軍団
第二十五軍
ソ連の援蒋ルート
北京
河北省
西省
黄河
開封日本軍特務機関
城日本軍飛行場
河南省
江蘇省
安徽省
揚子江
無錫
制令線
太湖
湖州
湖北・河南・安徽
革命根拠地
南京
上海
湖北省
武漢
毛沢東出生地
浙江省
南昌
福建・浙江・江西
革命根拠地
湖南・湖北・江西
革命遊撃根拠地
長沙
南省
江西省
湖南・江西
革命根拠地
中央革命
根拠地
井岡山
瑞金
福建省
台湾
広東省

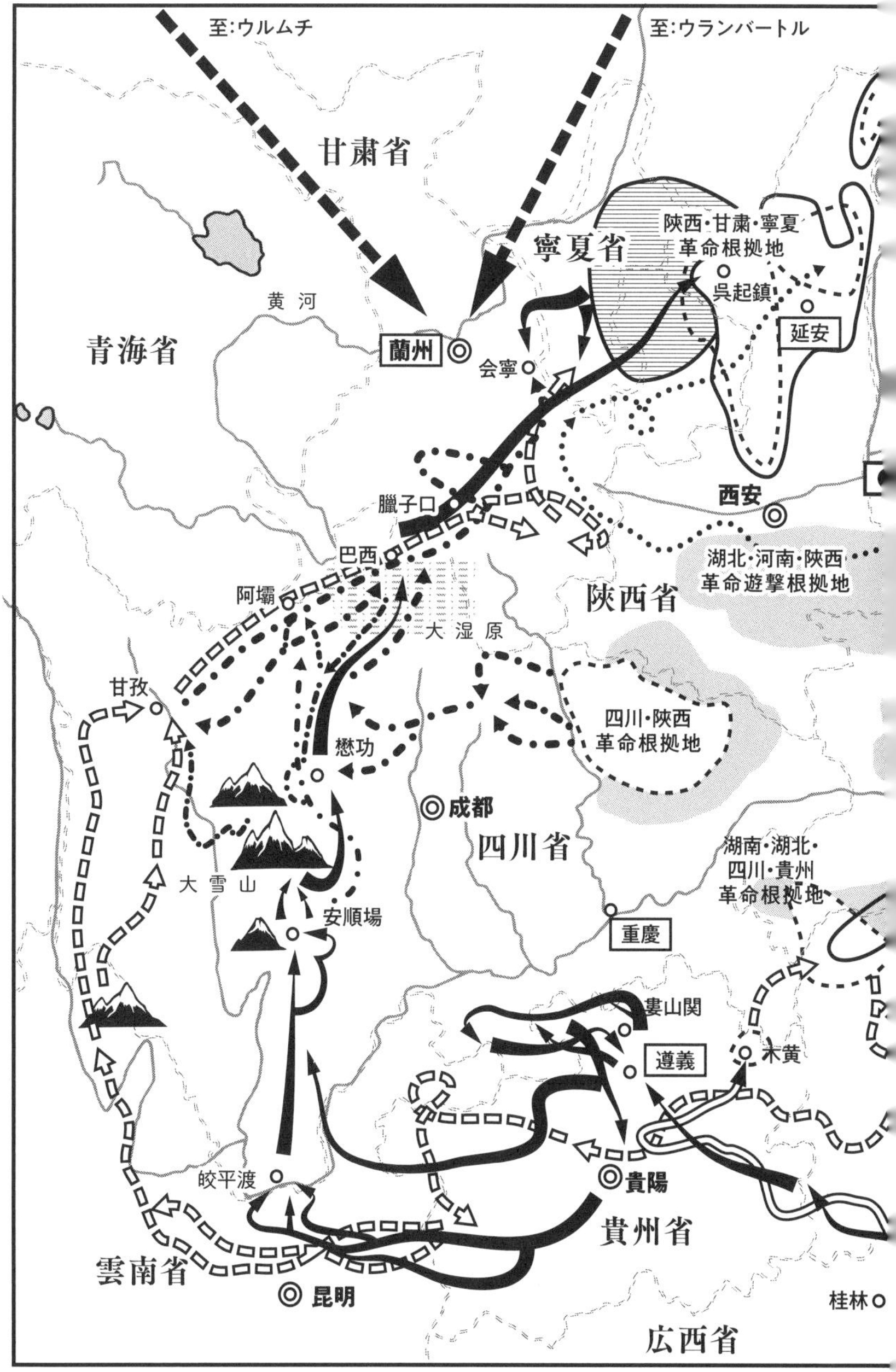

典拠:『長征』ハリソン・E・ソールズベリー著(時事通信社)を参考に作成

第一章　新しい歴史観

【内容】――――支那事変の因果関係は、すでに『黒幕はスターリンだった』（ハート出版）で大筋を明らかにしました。そこで本書では特に重要な点として、この戦争の原因論としての北支工作説の疑問、真相であるソ連の避雷針作戦と西安事件に始まる開戦の経緯、そして日本の対応、失敗の事情を解説します。

中共についてはこの本質が近代の左翼運動ではなく、毛沢東の天下取りである伝統の「易姓革命」であったということです。そこで毛沢東を中心に戦前から今日に到る中共の歴史を概観し、指導者と権力の変遷、思想の変化、運動の変質を分析します。そして現代の中共自身の内部矛盾（独裁と経済発展）とこの生み出す内外の諸問題を指摘し、最後に日本人の対応を考えます。

第一節　支那事変の正体

【避雷針作戦】――支那事変は関係国が多く、史実や情報のごまかしがあるので分かりにくい。結論からいうと、支那事変の真犯人はソ連の独裁者スターリンである。彼の戦争動機は切迫する対独戦に備えた東西挟撃を防ぐための東部の対日工作であり、反共の日本を見当違いの中国の内戦に引きずり込み、武力、国力を消耗させるのが狙いであった。このため、現代のロシアの歴史家は支那事変をソ連の「避雷針作戦」と呼んでいる。言い得て妙である。

その工作の中国における現場代理人が中共の毛沢東であり、対日戦争の実行犯が蒋介石ということになる。**日本はスターリンの大陰謀により国共内戦に引きずり込まれた被害者である。**

【西安事件】――しかし、蒋介石はそれまで九年間も国共内戦を戦っており反共だったのだから当然、方針の大転換が必要だ。それが一九三六年の中共が蒋介石を捕らえ転向させた西安事件であった。そしてスターリンの毛沢東への工作指示は、一九三五年十一月頃までに蒙古との国境地帯に落下傘降下したソ連の伝書使から毛沢東に直接口頭で伝えられたという。当時、毛沢東は長征の逃避行で無線機を失っていた。

なお、この事件の真相を隠すために謀略情報が流されてきた。すなわち西安事件では毛沢東が蒋介石を殺そうとしたが、スターリンの殺すなという命令が来たので毛沢東が真っ赤になり地団駄を踏んで怒ったというものがある。まことしやかだが、このようなことは当時の両者の力関係を知っていればまったくあり得ない。こうしたデマやすり替えに騙されないためには、戦争全体の因果関係を知り、基本的な史実を知っておくことが必要である。

【日本人と大陸】――現代人は、日本人がなぜ大陸にいたのかと思うだろう。それは**当時の日本が貧しく過剰人口に苦しんでいたからである**。戦前の日本は国民の精神は世界一であったが、現代のような高い付加価値のある製品はなく、世界市場もなかった。そのため日本人は明治の開国以後、ハワイや北米に移民するほか、海外に多くの人が出かけ満洲、朝鮮、台湾、中国、南洋、南米などで働いていたのである。

【当時の中国】――中国は一九一二年の清朝滅亡後、中央政府が失われ各地で軍閥（私兵徴税集団。日本にはない）が割拠して抗争を続けており、盗賊が横行し治安が乱れ人々は生活難に苦しんでいた。この中で辛うじて治安が守られていたのは、上海などの外国軍が守る租界だけだったので外国人ビジネスマンや、地方から逃げてきた金持ちの中国人が住んでいた。

第二節　プロパガンダ対策

【用語の重要性】――近代史ではプロパガンダが多用されている。特に中国は漢字を共通にしているため日本人に対する独特の騙しが行われている。用語は論理を支配し思考を支配するから、用語の取り扱いには特別の注意が必要だ。そこで支那事変の分析で重要な事柄をいくつか挙げて訂正しておきたい。

【中国という呼称の罠】――戦後日本人は中共を中国と呼ばされているが、その意味と狙いを知らない。中国とは固有名詞ではなく、普通名詞で世界の中心、すなわち「ご主人国」という意味である。だから中共を中国と呼ぶ国は自動的に従属国になり、従属国は当然、主人国に従わなければならない。これを**華夷秩序《かいちつじょ》という。差別だ。**

蒋介石が日本に敗戦時、被害者を偽装して中国呼称を要求したというが、**日本は中国を単なる国名と誤解してこの罠に引っかかった。**シナが差別用語というのは華夷秩序に組み込むための高度な騙しである。だから中共が日本人に対して上から目線になるのは、現代日本人が中共を中国（主人国）と呼ぶからであろう。ぜひ対等に正さなければならない。中国というのは日本における地方名だけである。

なお現在、世界中で中共を中国と呼んでいる国は日本以外にない。中共も対外的にはチャイナと自称している。それは日本以外の国に中国といっても相手にされないからだ。そこでこれに気がついた一部の日本人はチャイナと呼び始めた。これは本来のシナに戻そう。日中関係は、聖徳太子が随の煬帝に国書を送ったように千四百年前から対等だ。

【日中戦争という表記の罠】——支那事変では日本は中国全体と戦ったわけではない。それどころか汪兆銘の南京政権を支援して圧倒的な領土国民を支配し、蒋介石の国民党軍閥と戦ったから、「日本・蒋介石戦争」というのが正確だ。中共はこの間、毛沢東の戦略に従いゲリラ戦をするだけで、意図的に戦わなかった。したがってこの戦争の歴史的名称は支那事変、内容的には日・蒋戦争が正しい。日中戦争という表記のねらいは、**支那事変の実態が外国の日米ソを支援国にした現地の汪兆銘、蒋介石、毛沢東の三大勢力の対立状態であったのを、二国間の対立状態であったように偽装するためである。**歴史用語は歴史的な寺社や遺跡と同じであるから、その原名で呼ばなければならない。これは遺跡をそのまま保存するのと同じである。

【排日と抗日のすり替え戦術】——これは用語の中立性を変えて論理を誘導するものである。蒋介石は当初は「排日」と言っていたが、ソ連の指導で「抗日」表現に変えたという。これは被害者を偽装するためである。**小さな問題のようだが「抵抗」は無意識に人間に正当性を感じさせるからだ。**このようにプロパガンダでは用語一つを見ても注意深く選ばれており、油断ができない。

【通史で対抗する】——プロパガンダは手が込んでいるので歴史の専門家でも騙されることがある。これを防ぐには近代史の通史を理解しておくとよい。全体の因果関係を知り、高い視点から個々の情報を見れば騙されない。例えば満洲事変のために蒋介石が日本を攻撃したという意見があるが、当時の蒋介石は国共内戦勝利の直前だから意味不明である。また独軍顧問団がビジネスで支那事変を起こしたという意見があるが、蒋介石は貴重な兵力と資金を損するだけで得るものがないから疑問である。なお歴史の初学者には、日本悪者論は自動的に拒否するよう助言したい。通史本としては拙著『黒幕はスターリンだった』を読んでおくとよい。

【両論併記でチェックする】――南京事件などのプロパガンダの記述では否定論との両論併記を求めるとよい。片方だけの主張は弱みを知っているからで騙しの証拠である。

【心理的に傷つける】――これは論理とは別に、受け手の心理に傷をつけ罪悪感を持たせ気力をそぐことである。これはヒトラーも指摘しているように、性と暴力が定番とされている。すなわち、**強姦殺人被害の偽造**だ。中共の反日宣伝では思い当たることが多いと思う。しかし彼らは通州の日本人大虐殺「通州事件」には一切沈黙だ。それは、プロパガンダは一方的でないと宣伝効果が減殺されてしまうからだ。騙されてはならない。

【左翼史観の権威失墜】――戦後日本人は、社会主義国が先進的であるという左翼の宣伝に騙されてきた。しかし一九九一年にソ連が崩壊して分かったことは、社会主義国は平等どころではなく世襲の左翼の特権階級が支配する、いまだに国民に参政権さえ与えられていない遅れた国だった。マルクス主義思想自体があり得ない騙し絵だった。このため中共から社会主義宣伝を取り去ると秘密結社の暴民暴動だけが残ることになる。**中共政権は毛沢東を皇帝とする易姓革命（国家の私物化）の王朝だったのではないか**。そうだとすれば現代の中共の体制はその家来が独裁制度を継承し、国民を暴力で支配していることになる。

【中国文化の偽善性】――これは、言行不一致ということである。日本人との大きな違いだ。日本では義という用語は、公に尽くすことである。しかし中国では私的目的を義で偽装する。例えば私的暴動を義挙という。これは易姓革命（天下の私物化）の公がない社会だからであろう。これは文化だから、善悪を論じても始まらない。知っておき騙されないことだ。これは支那事変で出征した多くの日本人将兵が現地で名言や美辞麗句がそこら中に護符のように貼られているのを見て奇異に思い理解したことである。

このため現代の石平氏は論語を本当に実行した日本人を尊敬しているという。だから中共の建前論と本音は区別して考えよう。**中国人が信じるのは現世利益の道教であり、彼らが実行するのは孫子などの兵法書だけなのだ**。現代の中共でも人民に服務するという標語が掲げられているが、実際は共産党が人民を独裁している。

【中国人に平等なし】――黄文雄氏は、中国人の国際感覚は上下関係が主で平等意識は希薄と述べている。これは日本人のもつ平等主義の錯覚を否定するもので重要だ。

【中共人と自由中国人の区別】――中国人でも反独裁の自由主義者がいる。天安門事件で戦車の前に唯一人立って抗議した青年は実に立派だ。しかし彼らは中共政権から敵視され迫害されている。日本人は彼らとは価値観を共有できる部分があることを知っておく。

【聖徳太子の重要な意味】――日本人は聖徳太子がすでに一千四百年以上昔の西暦六百年に随の煬帝に国書を送った史実を想起すべきである。聖徳太子は日本人に対中対等を示されており、これが現代の華夷秩序工作を仕掛ける中共にはおもしろくないようだ。そしてこれが現代の聖徳太子木像焼き打ち事件の謎や、**歴史学界の聖徳太子存在否定論の背景になっている可能性がある。**日本人は聖徳太子の事績の周知教育と保護が必要だ。歴史は生きている。

【易姓革命と万世一系の違い】――中国では古来、権力者が交代すると天の命が改まったとして自分の権威を正当化する。これが天子の姓が変わる易姓革命だ。しかし実際は公私一体の国家の私物化である。これに対して日本の万世一系は、天皇を公的権威として、その下で為政者が統治を行うシステムだ。為政者が変わっても天皇は変わらない。だから公私が世界一明らかである。これは優劣ではなく民族の慣習だから違いとして知っておきたい。毛沢東の天下取りは共産革命ではなく中国伝統の易姓革命だった。

第三節　共産主義の理解

【裸の王様】――中共を理解するには、彼らの主張した共産主義を知っておく必要がある。これは観念論の虚構だったが、その難解性を高等と誤解し、政治思想に無知なインテリが騙されたのである。一方、**マルクス主義を虚構と見抜いて権威づけに利用した陰謀家がいた。それがレーニン、スターリン、そして毛沢東である。**ソ連崩壊後、元共産党高官のA・ツィプコによれば、マルクス主義は党上層部では「裸の王様」扱いされていたという。皆この思想が実用にならないことを知っていたが、黙っていたのである。(『コミュニズムとの訣別』サイマル出版会)

【偽装の道具】――中共運動の行動を見ると伝統の流賊であり大強盗団と同じである。しかし思想運動ということで、何か意味があるのかもしれないと思ってしまう。「目的が手段を正当化する」というからだ。しかしその思想が空っぽだとしたら、共産党運動はただの凶悪犯罪であったということである。そこで共産主義とは何かを知って中共の歴史を追っていくことにする。手品の種明かしである。

【共産主義の原義】――共産主義の原義は財産共有の特殊な共同生活様式で、古来、仏教寺院やキリスト教の修道院で行われてきた。しかしマルクスはこれを社会に応用して原始時代に共産制社会の楽園があったとし、論理的には不合理であるが、**心理的な楽園回帰を呼びかけたのである。**

【マルクス主義】――――マルクスはキリスト教の終末論と末世史観を十九世紀の観念論で偽装し、いわゆる唯物歴史観を作った。すなわち宗教的な黄金の時代の楽園から混乱と救世主の来臨に到る終末論歴史観を、観念論の原始共産制から資本主義、暴力革命に到る唯物史観にすり替えたのである。

そして人間社会は混乱の結果、共産主義の楽園が、鉄のような確実性で必然的に到来すると予言した。それが一八四八年の「共産党宣言」である。**その楽園とは「能力に応じて働き、欲望に応じて取る社会」だという。しかし資源が有限なのに対し人間の欲望は無限だから実現は不可能である。**

マルクスの資本論は資本主義社会の自滅を経済理論で証明しようとしたものであるが、労働価値説というスタートの価値論が間違っているので砂上の楼閣であり、役に立たない。したがって大部の資本論を読むのは時間の無駄であるから止めたほうがよい。共産主義の独裁者スターリンも二、三ページ読んだ跡があるだけである。毛沢東も読んでいないだろう。ショーペン・ハウエルは「真理は分かりやすい。難解なものは未完成か、誤っているか、誤魔化しだから、高度と誤解してはならない」と注意している。なお、資本論はマルクスが死亡したので半分以上は友人のエンゲルスが書いたものである。
マルクス主義は十九世紀の終わりには産業社会の発展で労働者の生活が向上すると支持する者がいなくなり、エンゲルスも晩年は暴動一本鎗のマルクスを否定し、穏健な社会改革を主張した。しかしその歴史の屑籠に投げ込まれた思想を拾い出した者がいた。それがレーニンらのロシアの陰謀家だった。暴動の煽動と独裁権の理論化に利用できると考えたのである。**共産主義には社会主義とマルクス主義があるのでその違いを知っておこう。**

【社会主義】――社会主義はマルクス主義が楽園到来の予言なのに対して、理想社会建設の青写真で、歴史観はない。このためマルクスは社会主義を空想的社会主義と批判したが、マルクス主義の方こそが妄想的社会主義ではないか。社会主義思想では古代ギリシャのプラトンの『国家』や英国中世にトマス・モアの書いた『ユートピア』が有名だ。これらをヒントに仏革命が起き、英国の経営者ロバート・オーエンが地上に理想都市を実現しようとしたが、皆失敗した。それは基本的な世界観、経済観、社会観、人間観が非現実的で誤っていたからである。

【ソ連共産主義】――ソ連共産主義は異種思想の合体である。すなわち前段階に社会主義の建設論、後段階にマルクス主義の到来論をつないだもので理論的には矛盾しているが、独裁権力を求めるレーニンらがマルクス主義だけでは運動に使えないので必要上作り出した。だからこれは異種混合のキメラ的思想である。しかしソ連がこれを世界中で大宣伝したので、**現代の日本人**

のほとんどが論理的な矛盾に気づかずこのキメラ共産主義を信じ込んでいる。

【毛沢東思想】――中共では毛沢東思想は現代のマルクス主義という宣伝が行われたが、**毛沢東の思想は孫子などの支那の古典に基づくゲリラ戦の戦術論であり、西洋の哲学思想ではない。**彼自身、西欧の観念論の教育を受けていないから共産主義についてはブハーリンの『共産主義のABC』を読んだ程度である。このため共産党の内部でも毛沢東は、モスクワ派の指導者の博古らから、孫子ばかり読んでいると馬鹿にされていた。もっとも、共産主義はマルクスの観念論の妄想であるから理解できないのが当たり前である。毛沢東はマルクス主義がソ連との関係維持や権威付けに使えるが、実際には役に立たない思想であることを見抜いていたのだろう。そこで毛沢東はいったい共産主義者なのか、という基本的な疑問が生まれてくる。彼は当時、党内で主流派から「赤蕪《あかかぶ》」と呼ばれていたという。外は赤いが中は白いという意味である。

【革命暴動】――マルクスの楽園到来論の最終段階は、革命暴動である。そこで指導者は嘘を承知で、楽園到来は確実だから実現を急ごうと呼びかけて大衆を煽動し、政治権力奪取の暴動を起こした。これは確実なら待っていれば良いのだから時間の先取りで、論理的に不合理であるが人間の心は不安定なので騙されるのである。これは中世のキリスト教暴動でも使われた終末論のエセ論理である。

【指導者と目的】――これはレーニンなど冷酷な現実主義者で共産主義の信奉者ではない。

あくまでも思想は道具として利用しているだけである。権力を握るとそれが明らかになる。スターリンは独裁権を確立すると、一九三一年に公然と左翼運動の最大の眼目である平等を否定した。中共でも実現した社会は全く平等ではなく差別社会だった。暴動の狙いは指導者が独裁権力を奪取することであり、楽園作りではない。そして「目的が手段を正当化する」という詭弁で、あらゆる無法、無道徳を許したので、共産軍が占領し封鎖した地域は地獄と化した。共産軍の正体は強盗団そのもので財産横領、殺人、暴行、放火、人質をほしいままにしたので恐れられた。共産軍が清廉潔白など全くの虚偽である。

【実現した社会】――共産党運動が実現した社会は理想郷どころか地獄であった。社会には自由と平等がなく、**支配階級の幹部と家族が豪邸に住み特権を持ちそれを世襲した。「赤い貴族」の出現である。**一方、被支配階級の国民は人権と財産を奪われ極貧生活を送ることになった。だから共産主義運動とは左翼を偽装していたが結果を見ると、ただの詐欺だったのである。今の中共はその虚偽が露呈したので国民の不満が高まっており、抑え込みに必死だ。**共産主義の統治は結局「偽善と暴力」で要約される犯罪である。**

フランス人のジャック・ロッシは理想主義者で熱心なコミンテルンの活動家であったが、一九三七年にソ連ＫＧＢに逮捕される。そこで当初スターリンの誤認逮捕と考えるが、牢屋で他の囚人と話しているうちに間違っていたのは自分の方であり、ソ連など初めからなかったのだと気づくのである。これは多くの共産主義者に共通した覚醒体験であり、実に悲惨である。彼は戦後スターリンの死で運良く釈放されてフランスに戻り、若者に共産主義への警戒を教えている。

【左翼の絶対目標】――左翼独裁体制の唯一絶対の目標は、独裁の維持である。これは自らの不正を知っており、犠牲者の報復を恐れるからである。そのために国家国民の生存に不可欠な経済を発展させない。それは経済活動に伴う人と情報の自由化が独裁を衰退させるからだ。しかしこの結果、政権が過去の国家や国民の資産を食いつぶすと国民は極貧に落ちぶれ国家社会は崩壊する。仏革命やソ連、毛沢東時代の中共が良い例だ。しかしその裏で一握りの党の幹部と家族が国民に隠れて贅沢な生活をしていたことはよく知られている。

第二章　戦前の日本の大陸政策

第一節　対ロシア防衛

【三百年の侵略】――戦前の日本外交の最大のテーマは、徳川時代から続くロシアからの防衛だった。帝政ロシアは一七四〇年、北方のカムチャツカ半島にペトロパブロフスカ要塞を建設し、以後二百年にわたり千島列島を南下して日本を侵略し、十九世紀後半には樺太を奪った。そして大陸では清朝の衰退に乗じて満洲を侵略し、朝鮮半島に勢力を伸ばしてきた。

そこで**日本はロシアに南北から挟撃されることを恐れて、朝鮮の宗主国の清と戦い朝鮮を独立させた。**しかしロシアの朝鮮への介入は止まず、朝鮮王をロシア公使館に幽閉するに至った。このままでは朝鮮はロシアに併合される。そこで危機感を高めた日本はロシアに、全満洲はロシア、朝鮮半島は日本の勢力圏とする**満韓交換条約を提案したがロシア政府は拒否した。**やはりロシアは朝鮮、樺太の南北から日本を挟撃し征服しようとしたのである。

そこで日本は亡国の危機を覚悟し日露戦争を戦い、よく勝利しロシアの侵略を撃退したのである。なおロシア政府の高官は戦後、日本の提案を受け入れておけば良かったと後悔している。日本のその後の国防政策は常に対ソ防衛を最優先課題としていたから、支那事変や日米戦争などまったく想定もしていなかったのである。

【日韓併合の正当性】――日露戦争の結果、日本は韓国を対ロシア緩衝地帯として併合したがこれは**正当防衛であるから国際社会は承認した。**だから現代韓国の対日被害者偽装宣伝に騙されてはならない。彼らは日本の朝鮮併合が対ロシア防衛であったことを知っているという。しかし日本人が知らないので黙っているのだ。なお日露戦争を第三次元寇に例える意見がある。それはロシアがモンゴル時代のキプチャク汗国、朝鮮が高麗の末裔だからである。面白い発想だ。

第二節　近衛文麿首相

支那事変の発生時、首相を務めた近衛文麿は古代藤原氏の末裔で、その直前は貴族院の議長であった。当時の日本は経済不況による社会不安と二・二六事件の元老暗殺による政治不安の下で、適切な指導者が見つからず近衛文麿が周囲から頼まれて一九三七年六月に総理大臣に就任した。彼の在任期間の政治問題では、**支那事変の勃発にあたり上海に救援軍を出兵させたことが泥沼の**

近衛文麿

大戦争に引きずり込まれる契機となった。このため必死に収拾に努めたがスターリンの妨害で大陸から撤兵できなくなった。また、米国の日本敵視打開のためにルーズベルト大統領に直接会談まで提案したが米国側から拒否された。

一九四一年、ゾルゲ事件の発覚で下野し東條英機に首相を交代した。ゾルゲ事件の尾崎秀実《ほつみ》は彼に近い人物で、重大な時期に八年間も日本の機密情報がスターリンに通報されていた。敗戦直前、近衛は天皇に上奏文を提出し、左翼分子により日本の政治が混乱させられた可能性を報告した。

戦後敵の占領軍の逮捕が近いことを知り青酸カリで服毒自殺した。彼が若い頃、社会主義に関心を持ったのは左翼思想全盛の時代であり、学問的に関心があったのだろう。だから彼が左翼であったということはない。もしそうであったら戦後占領軍に首相に担がれるから自殺することは無かった。また彼の長男近衛文隆砲兵中尉は、戦後ソ連の収容所で長期間捕らわれていたが帰国直前に毒殺された。

最近、近衛文麿を誹謗する本が出ているが騙されてはならないだろう。**立派な愛国者だった。**

第三節　満洲問題

【概観】――満洲は北朝鮮の北方地域であるが、その帰属と満洲・支那本土国境の北支問題が支那事変の原因であるという誤った説が流布しているので訂正したい。また満洲問題は米国の対日敵視と日米戦争につながる問題となったので経緯を知っておきたい。満洲は清朝の支配民族満洲人の出身地であったが、義和団事件の混乱に紛れてロシア帝国が占領し、その後の日露戦争の結果、日本が米国の仲介（ポーツマス条約）で南満州鉄道部分を権益として譲渡された。ただ、これには裏があった。**日露戦争では米国が講和の仲介に動いたが、米国の動機は満洲をロシアに独占させない、また日本の占領地を拡大させないためであった**という。現在から見ると驚くべきだが、米国は満洲を手に入れたいと望んでいたのである。

この結果、満洲にはその後の宗主国の清朝の滅亡により、**南満洲鉄道を持つ日本、長大な東清鉄道を持つソ連、そして張作霖軍閥の三つの武装勢力が鼎立《ていりつ》することになった。**なお日露講和直後、米国鉄道王ハリマンから南満洲鉄道への出資申し込みがあったが日本政府は断った。これが米国の日本敵視の原因になったという説がある。というのは直後から米国で激しい排日運動が始まったからである。その後、張作霖の死で軍閥を後継した張学良が激しい対日圧迫を始めたので日本が反撃したのが満洲事変であり、日本は満州国を建国した。そして蒋介石との間で塘沽講和条約を結んだ。

しかしこれは三つの国際問題を起こすことになった。すなわち、米国の敵意、張学良の国境侵犯、そして長大な国境線で対峙するソ連の敵意である。その後、日本はソ連から満州国内のソ連の鉄道を購入した。これはスターリンが欧州のドイツの攻撃に備え、日本との関係改善に配慮したためである。しかし後にリュシコフ大将の亡命で明らかなように、スターリンは対日侵略戦略を持っており、日本の衰退を待って戦争を仕掛けるつもりであった。そしてこれは実際に実現した。

日本人に満州国について知っておいてもらいたいのは、満州国が大陸で初めて法治を確立した近代国家であり、日本の統治が住民や外国人から喜ばれたことである。

【張学良の対日圧迫と反撃】――関東軍司令官の本庄繁大将は戦後、自決前の絶筆『満洲事変の本質』で次のように記している。

「帝国臣民に対する暴行迫害は、満鉄付属地並びに港湾にも波及し、これがため国民学校児童の如きは、校舎への往復さえ、軍隊の保護を要し、軍隊無き地域では廃校のやむなきに陥ったのである。かくて在留邦人も逐次帰国し人口は百二十万から百万に減じた」

そこで一九三一年九月十八日、石原莞爾等が主導して関東軍（在満日本軍）一万二千は張学良の奉天の兵営を榴弾砲で攻撃し、張学良軍三十万を中国本土に駆逐した。これが満洲事変である。

【中国人への対応方針】――黄文雄氏は『日中戦争真実の歴史』（徳間書店）でこうした民族紛争に対する日本の対応方針について次のように述べている。

「**中国人は力に従う民族である。**歴史上清朝もロシアも強力な武力で押さえ込んだ。それなのに日本は寛大な政策をとった。このため弱いと見なされ、中国人を増長させ紛争を起こさせることになった。**中国人には対等という観念は希薄である。だから日本人が反省したり謝罪すると、事態は一層こじれることになる。**これが戦前から現代に至る日本外交の失敗の原因である」

【満洲事変の日蔣講和条約】――一九三三年、日本と蔣介石は塘沽協定を結んで満洲事変を講和した。これにより満洲と支那本土との交通、通信が回復した。だから**満洲事変と四年後の支那事変は時間的に見ても関係がなく、**実際支那事変中、満洲国内では蔣介石軍と日本軍の戦闘は起きていないのである。従って日中十四年戦争説は誤りである。

【日本の開発と満洲住民の歓迎】――一九三〇年代の日本経済は、米国発の大恐慌で大不況に陥ったので政府は満洲開発に力を注ぎ、新国家建設のために岸信介（戦後、首相）のような優秀な官僚を送り、法治制度を確立し社会を改革し重工業を興した。欧米の投資家も満洲の安定を見て歓迎した。黄文雄氏によると、戦後日本の満洲国は中共から繰り返し非難されるが、張学良が追放されると満洲の民衆は喝采した。というのは張父子の軍閥支配は満洲を荒らし民衆の金を奪って軍費に蕩尽し、破産する者が三割に及ぶという悪政ぶりだったからだ。日本の支配により、満洲の住民は張作霖軍閥の野蛮な独裁支配を脱し、思いがけない日本による近代文明の恩恵に浴することができたのである。満洲は急速に大発展し、日本人以外に中国人までが安全と仕事を求めて長城を越えて本土から毎年百万人以上流入してくるようになった。戦後、中共は日本の満洲国を盛んに非難するが、それは現在の独裁体制よりもはるかに優れた法治国家であったからである。騙されてはならない。

「松花江渡る船中に黄色い瓜もつロシヤ娘と向かい合いていつ」岸田隆

「楽隊を先頭に市中行進し若き少年義勇軍は行く」近藤班川

「駱駝が行きラマ僧行き蒙古娘行く窓近き卓に茶を飲みてをり」岡利之助

第四節　満洲国建国の生み出した三つの難問

一、「米国の対日敵視」

スティムソン長官は一九三二年、満洲国不承認宣言を出して日本に原状復旧を求めた。現代から見ると米国は極東から八千キロも離れているので奇異にみえるが、**当時の米国は世界の超大国として一八九九年のジョン・ヘイ国務長官の中国門戸開放・機会均等宣言を守っており、日本が**

満洲国を米国の了解なく独占支配したことを敵視したのである。

満洲は米国の垂涎の的であり、マッカーシーは満洲を中国のテキサスに例えてその可能性を讃えている。

【マクマリの建言】――しかしこの時代、米国の対日敵視方針が強まっていくのを見て危機感を抱いた米国の極東専門家がいた。元外交官のジョン・アントワープ・マクマリである。彼は一九三五年、国務省のホーンベック極東部長の要請に応えて政策提言書を作成した。それは、「このままでは日米は戦争になる。しかし米国が日本を滅ぼしても、その後にソ連が南下してくるから極東は米国の思うようにはならない。そして中国は様々な難題を米国に要求してくる。だから日米戦争は両国にとってまったく利益がない。したがって米国は対日敵視を止め、むしろ極東から離隔を取るべきである」

というものであった。これは事前に読んだグルー駐日大使が激賞したが、ホーンベック部長はこの提言書を上司のハル長官に提出しなかった。それはルーズベルト大統領の対日方針に合わなかったからであろう。しかし戦後を見ると、まさに予想は的中した。（参考『平和はいかに失われたか』マクマリ原著、原書房）

張学良

二、「北支工作」

第二は、張学良勢力が塘沽協定に違反して万里の長城を越えて侵犯してきたことである。このため関東軍がそのつど撃退し小競り合いが続いていた。そこで日本軍は一九三三年、熱河省まで占領し長城地帯の中国側の親日勢力と協力して、防衛のため非武装緩衝地帯を作った。それが北支工作と呼ばれる一九三五年の梅津・何応欽協定と土肥原・秦徳純協定である。

【北支工作原因論の騙し】――この地域紛争が支那事変の原因と誤解されてきた。また現在も誤解されている。しかしこれは真の原因であるソ連の「避雷針工作」を隠すためのすり替えであることを知っておきたい。というのは、当時国民党の蒋介石は「安内攘外」政策といって中国統一を最優先にし、それから外国と交渉するという方針であったから、講和済みの満洲国との国境紛争には、虎の子の軍隊と巨額の戦費をかけて大戦争をするような価値はなかったのである。

【スパイ尾崎の報告】――当時の日本側の誤解の原因としては、近衛首相の私的ブレーンに入り込んだゾルゲスパイの尾崎秀実（内閣嘱託）が近衛内閣に「支那事変の原因は北支工作であり世界戦争に発展する」と報告したことがあり、これを皆が信じてしまったのである。

【ユアン・チアンの不合理】――彼女は『ワイルド・スワン』の著者として有名であるが、

その『マオ、誰も知らなかった毛沢東』（講談社）で、国民党軍の上海租界攻撃は蔣介石指揮下の張治中将軍が共産党の指示にしたがい、勝手に日本の北支工作を日中間の全面戦争に拡大したと記しているという。しかし当時のソ連の大規模な援蔣行為と蔣介石の直前の対日戦の準備状況を知ればまったく不合理である。ユアンの両親は地方の共産党幹部で文革では毛沢東派に迫害されたが、毛沢東の死後復権している。したがって彼女は反毛沢東でも現代の共産党寄りの可能性があるから一定の注意が必要だ。

三、「ソ連との対立」

第三はソ連の対日警戒である。日本との間に新たに長大な国境線を持つことになったからである。これは日本にとっても国防上、財政上の大きな負担になった。事実その後、張鼓峰事件、ノモンハン事件の挑発を受け、最終的に満洲だけでなく固有の北方領土まで侵略されてしまうのである。

第三章　一九三〇年代の中国

【中国社会の混乱】――――三〇年代の世界は、まさに許渾の有名な漢詩「山雨来たらんと欲して風楼に満つ」があてはまる、四〇年代の恐るべき世界大戦の予兆となった時代であった。その極東における最大の事件が支那事変だったのである。一九一二年、満洲人の清朝が自壊すると中国人の袁世凱が政権を樹立したが本人がすぐに死亡したので統一国家は崩壊し、各地で軍閥が割拠した。**軍閥とは徴税する私兵集団である。日本にはない。**彼らは互いに阿片の商業権などを争い抗争を始めた。このため中国は国内の治安が失われ産業が衰退し、暴力、犯罪、貧困、麻薬売買が横行する混乱した社会になり、多くの若い男は生きていくためにやむなく下級労働者や犯罪者そして軍閥軍の兵隊などになったのである。

こうした状況で一九三〇年代の中国本土には、大別して次の四種類の軍事勢力があった。それは**蒋介石の国民党軍閥、各地に割拠する地域軍閥、ソ連の支部である共産党軍閥、そして外国軍**

（租界、地域防衛のＰＫＯ）であった。このうちソ連支部の共産党が後に毛沢東に乗っ取られ、彼の私党となるのである。

第一節　大混乱の始まり

【ドミノ倒しの始まり】――まずこの時代の世界情勢を見ると、最初に列強の重要政策の連鎖を動かしたのは、**一九二九年の米国大恐慌**であろう。米国政府は国内産業保護のため高関税政策を取り輸入を制限した。そしてこの保護貿易主義を世界中に植民地を持つ英仏が真似て採用したのである。この結果、**過剰人口を抱え経済をもっぱら輸出に頼っていたドイツや日本は大不況に陥った。**日本では二・二六事件のような一部軍人のクーデター計画が起きた。ドイツではナチスが政権をとることになった。戦争に向けて世界が動き出した。

【中国の革命とは天下取り】――中国では軍閥が各地で覇権を争い革命内戦が続いた。この革命とは左翼の奪権のことではなかった。中国では古来、天下を取った王朝は革命を称したのである。以下は戦後、内戦再開で混乱下にあった国民党軍情報部の内部を見聞した辻政信元大佐の意見である。

「米国は支那事変中、中国を民主化させようと努力した。しかし国共両党からは喜ばれなかった。

それには中国革命の誤解から来る深い理由があった。**米国の最大の誤算は辛亥革命を近代的な西欧の民主革命と同一視したこと**であろう。しかしこれは孫文の私的な政治（易姓）革命であり、清朝に代る自分の王朝を建設するのが主要な狙いであった。三民主義理論は観念論であり旗印に過ぎなかった。孫文の後を継いだ蔣介石も同様であり軍権と政権を一人で握り、それを背景に富の半ばをその一門が私物化した」（『潜行三千里』辻政信・著　国書刊行会）

これは一言でいうと彼らは天命というが、中国の権力者には古来日本のような公の概念がない。美辞麗句を並べるが偽装であり、指導者は反対する者や競合する者を権謀術数で滅ぼし、徹底的に私利私欲を追求した。これは現代の中共も同じである。

第二節　国民党

【発生と蔣介石】――――国民党は当初、清朝に対して中国人の独立を求めた孫文（中山）の指導する民族主義集団で、南部の上海に本部を置いていた。しかし孫文が一九二五年に「革命未だならず」という言葉を残し北京で病死すると、蔣介石が後継者となった。

蔣介石は一八八七年、浙江省の商人の家に生まれた。二十代で孫文の反清朝の民族主義運動に身を投じ、軍事部門で頭角を現し、一九二五年の孫文の死後、指導者となった。最初の結婚で長

蒋介石

男蒋経国をもうけたが離婚した後、富豪の令嬢宋《そう》美齢《びれい》と結婚した。しかし子供は出来なかった。

【蒋介石の栄光と敗北】――蒋介石はその後、勢力を拡大し、一九三〇年の全国の軍閥の覇権争いで勝利し、共産党と対立して優勢となったが、**中国統一の「最後の五分」というところで一九三六年の西安事件で共産側に捕らえられ、支那の統一は出来なかった。**

そしてスターリンの傀儡にされ、対日戦の実行者になった。一九三七年に対日戦争を始めたが一九四五年に日本が撤退すると、戦後再発した第二次国共内戦で敗退し、一九四九年に台湾に逃亡した。米国などからはその一貫性のない場当たり的な行動から無責任な機会主義者とみられている。晩年の彼に会った日本人によるときわめて疑い深く孤独であったというが、その数奇な人生体験が作り出したものであろう。

第三節　ソ連の中国介入

【ソ連の中共設立】――一九二一年、ソ連共産党はロシアを統一すると、混乱の続く中国に手を伸ばし、工作用の傀儡組織として中国共産党を設立した。レーニンは「中国を支配する者が世界を支配する」と述べたというから、ソ連の世界征服のために中国を傀儡に使おうとしたのだろう。

一九二四年、ソ連の工作員ボロディンは、**民族主義運動の指導者孫文を騙して、共産党と国民党との国共合作（協力）工作に成功した。**これは共産党を国民党に寄生させ国民党を乗っ取るのが狙いだった。この結果、国民党の士官学校の校長が蒋介石、政治部主任が周恩来という、後年には想像もできない組み合わせの人事が行われた。この時、毛沢東も国民党員になり中央宣伝部長代理になっている。蒋介石はソ連に招待されソ連を視察した。そして長男の蒋経国をソ連に留学させたが、蒋経国はその後ソ連と蒋介石の関係が悪化するとスターリンの人質にされ、十二年後の西安事件で大きな役割を果たすことになる。中共は各地に地方ソビエトと称する共産党の占領支配地域を作り始めた。このため当然であるが国民党組織内で共産党との衝突が始まった。

【蒋介石の反撃、中山艦事件】――――これは一九二六年、国民党の軍艦中山号が蒋介石の許可なく広州から士官学校のある黄埔に回航された事件で、蒋介石をソ連に誘拐する陰謀であったという。この事件を契機に**蒋介石は共産党に不信感を抱き、一挙に共産党と対決する方針に切り替えた。**その最初の事件が一九二六年の上海における共産党大弾圧である。この時、多数の共産党員が捕らえられ処刑された。ただし日本外務省の報告では実際に処刑された共産党員は百人位という。この事件を題材に、フランス人の文豪アンドレ・マルローが『人間の条件』（新潮社）を書いている。

【ドイツ軍事顧問団】――――蔣介石は反共攻撃に立ち上がるとソ連の軍事顧問団を追放し、一九二七年からドイツの軍事顧問団を雇った。このためシーメンスなどドイツの有力企業が上海や南京に進出してドイツの工業製品を売り、中国のタングステンや生ゴムなど天然資源を輸入していた。ソ連スパイのゾルゲも上海のフランス租界でドイツの通信社の記者に偽装して情報活動を進めていた。ここで彼は朝日新聞特派員の共産主義者、尾崎秀実と知り合うのである。

【国共内戦の開始】――――蔣介石は一九二七年から一九三六年十二月の西安事件まで共産軍を攻撃し、戦争を優勢に進めていた。このため毛沢東ら共産党軍はいくつかに分かれ西北部に向かって逃亡した。**共産軍は逃亡先で追跡する国民党軍や各地の軍閥と戦ったので、この大逃避行を「長征」と称した。**

第四章　戦前の中国共産党

【内容】――戦前の中国共産党は今日の中共の母体で、その後幾多の変遷を経ている。しかしその正体は極端な秘密主義により長いあいだ明らかではなかった。しかし戦後のソ連の崩壊による共産主義の否定、中共も否定する毛沢東の大暴政とその被害の実態などから分かってきたことは、中共は現代の西側の民主主義国家とは大きく違う秘密結社が支配する、むしろ中世の国家であるということである。そこでその生い立ちを追ってみる。戦後の歴史は後半で解説する。

中共は毛沢東がソ連から党を乗っ取り、共産主義者を粛清して自分の党に変え、独裁指導者として空前の強権を振るったので、彼を中心にその運動の歴史を見ていきたい。

第一節　共産党の発足と毛沢東の参加

ソ連は一九二一年、北京大学に陳独秀教授らを指導者とする中国共産党を秘密裏に設立した。運動参加者には妄想的な共産主義思想の信奉者、毛沢東のように党を利用して天下を取ろうとする野心家、そのほか利益をあげようとする様々な機会主義者がいた。地方の毛沢東が早期からこの外国の運動に参加したのは驚くが、長沙は地理的に中国の中心部にあったから情報が集まっていたのであろう。ソ連は当初マルクス主義に従い都市労働者を組織して利用しようとしたが、当時の中国では工業が未発達で労働者はおらず、共産党の呼びかけに集まったのは浮浪者や乞食ばかりでソ連の顧問が驚いたという。

第二節　毛沢東

【毛沢東】――毛沢東は一八九三年、湖南省の農家兼米商人の比較的豊かな家に生まれた。湖南省というのは長江中流の大米作地帯で古来中国の通商、政治の中心地として、歴史上幾多の政治勢力が覇権を争った地域である。このためか湖南は英雄、大盗賊の産地、また湖南人は喧嘩早いという評判があった。実際、毛沢東も血気盛んで、学生時代に辛亥革命志願軍に参加したので、父親からこっぴどくしかられている。

【共産党参加】――彼は長沙の師範学校で学び若くして共産主義運動に入った。しかし彼の事績を見ると共産主義者ではなく、運動に入った狙いは易姓革命の天下取りであったと考えられる。だからマルクス主義は既存の体制を破壊し天下を取るための道具に過ぎず、理想社会を作るための思想ではなかった。実際、彼はマルクス主義をよく知らなかったし、学ぼうともしなかった。ただし彼はマルクス主義の本質が誤魔化しであることは察知したのだろう。

【独立系】――毛沢東の経歴の特徴は、他の指導者と違ってモスクワで訓練を受けたことがなく、ユーゴのチトーのような独立系の民族主義指導者であったことである。西側は戦後中国がソ連の傀儡になることを恐れた。しかし毛沢東はソ連を自らの権威づけや国共の内戦工作に利用したが、ソ連の傀儡にはならず、反対にスターリンの死後は中ソ対立を起こすのである。**毛沢東は戦後、易姓革命を実現し皇帝として君臨したが、中国史上最大最悪の国民大虐殺と社会、文化の大破壊を起こしたので、その死後一九八一年に共産党から否定された。しかし中共政権には正統性がなく権威がないので、現在も毛沢東は看板として利用されている。**

【仏留学せず】――第一次大戦直後、フランスでは戦争の被害で男子労働力が不足したので中国で出稼ぎの学生を募集した。これは渡航費用が無料で金を稼ぐことができるので、多くの学生が応募した。この若者の一部が現地でソ連共産党に勧誘され共産主義組織に入ったのである。この中に周恩来、鄧小平など後年、共産党の大幹部になる人材がいた。毛沢東は渡仏せずフランス滞在中の左翼の友人と連絡を取り合って長沙地域の共産党組織の拡大に努めていた。このため毛沢東は外国文化に触れる経験がなく外国語にも無縁であった。

【時を待つ毛沢東】――当時の中共はソ連で訓練を受けたモスクワ派の博古らが指導しており、地方出身で学歴も師範学校卒の毛沢東は低く見られていた。実際、毛沢東は西洋哲学の教育を受けておらず、共産主義の理論家ではなかった。しかしその代わり、もっぱら支那の『資治通鑑』（司馬光）などの古典から政治技術や戦術、権謀術数を学んでいた。そして我慢強い毛沢東は時を待ったのである。

第三節　中国の暴動の思想と戦略

【共産主義は五斗米と同じ】――毛沢東が共産党の宣伝に利用したのは昔から伝わる民族のユートピア思想であった。**中国には古代から社会主義的な大同世界（平等公正社会）や弥勒仏の降臨（終末論）などの迷信があり、五斗米道《ごとべいどう》信仰は道教の源となった。**歴史上これらを利用した反政府暴動が多数発生している。紀元前二世紀には黄巾《こうきん》の賊が反乱を起こし、紀元二世紀には五斗米道信者が一時、独立王国をつくった。十四世紀には弥勒降臨を信じる白蓮教徒が紅巾《こうきん》の乱を起こして指導者、朱元璋が明朝を作った。近代の十九世紀にはキリスト教を使った洪秀全の太平天国の乱が起きている。そして二十世紀には共産主義が古来の楽園思想に代るものとして毛沢東

の権力奪取運動に利用されたのである。（参考『中国の大盗賊』高島俊男、講談社）
そこで毛沢東は、占領地の共産主義の宣伝では難解なマルクス主義の説明をせず、共産主義とは飯があれば皆で食べる古代の五斗米道と同じ運動だ、と説明したという。そこで、ならず者や浮浪者など農村や都市の食い詰め者が共産党に集まった。中には土匪、緑林といわれる盗賊出身者までが参加した。これは古代から変わらない中国の野蛮で残酷な暴民運動の始まりであった。

第四節　ソ連派指導部の失敗

【都市暴動の失敗】——本来のマルクス主義は工業社会の思想である。しかし当時の中国は巨大な農村社会であったからまったく該当しなかった。それなのに教条的なモスクワ派指導部は一九二七年、南昌や広州のような都市で暴動を起こした。しかし国民党軍にすぐ鎮圧されてしまった。一九二七年十二月十一日、共産党は広州市を襲撃した。この日、約二千人の共産党部隊が治安局を占領すると監獄から囚人を釈放し、腕に赤い布をつけさせて略奪や放火を行わせた。この赤布は略奪、殺人の免罪符となったので広州市内の商店からあらゆる物が略奪され、病院、旅館、料理屋などが焼き打ちされた。抵抗する人間は老若男女かまわずその場で射殺され、市内至る所で略奪と惨殺が行われた。

夕方、共産党は公園で大会を開き広州ソビエト政府の樹立を宣言した。しかし三日後、国民党軍が鎮圧に出動すると共産軍は市内から逃走した。この結果、広州の町は火事で廃墟となり犠牲者は一万五千人に上った。この暴動はソ連の指令によるもので、実際コミンテルンのノイマンやアイスラーが広州のソ連領事館から暴動を指揮していた。このため国民党政府は対ソ断交を宣言した。国民党は治安回復後、手に赤布の染料が残る人間を見つけて逮捕し処刑した。逃げ遅れたソ連工作員も処刑された。(『蔣介石秘録』サンケイ新聞社)

【農民の暴動ではない】――中国のような後進国では農村を支配しなければ権力の獲得は不可能である。そこで共産党は農村の占領に向かった。それが**地域を武力で占領し共産党独裁を住民に強制するという毛沢東の「農村から都市を包囲する」戦略である。**そして注意したいのは、毛沢東が暴動に使ったのは農民ではなく、中国の農村に巣くっていた浮浪者、やくざ、強盗団などの食い詰め者や犯罪者だった。もともと中国の農村社会は過剰人口状態にあり、日本とは違い仕事のない遊民が多数いたのである。正規の農民は地主以下、親戚関係にある者が多く互いに助け合って暮らしていたから、農村には中共が宣伝するような激しい階級対立はなかったのである。(『中国の大盗賊』高島俊男、講談社)

だから中共の運動は農村地帯の暴動ではあるが、農民の暴動ではないことが重要だ。ただ農村に育った毛沢東は、小作農民の土地を欲しがる願望をよく知っていた。そこで毛沢東は、マルクス主義を説明するのではなく、地主を不当に悪者視し財産や土地を奪い皆で平等に分けようと騙して、小作農民を共産主義運動に引き込んだのである。しかし戦後、共産党が独裁権力を握ると**農民は土地を取り上げられ国有農地に縛り付けられ、農奴にされてしまった。これはレーニン、スターリンがロシアの小作農民に対して行った詐欺戦術と同じものである。**

第五節　毛沢東の農村破壊

【殺人略奪行為】――共産党は金がないので地域を占領すると往来を封鎖し、農民から金、食糧、その他必要な物資を略奪した。そして土地のやくざや犯罪者を使って地主や有力者を逮捕し虐殺したが、その殺し方は絞首刑や銃殺のほか、人民裁判方式といって大衆からよく見えるように犠牲者を高い壇の上にあげ、農民に強制して残酷に撲殺させた。そして家族もなぶり殺しにしたのである。まさに三光虐殺作戦である。こうした蛮行には政治的な目的があり、農村の人間関係を破壊し旧《もと》に戻させないためであった。実に悪辣であった。

共産軍は軍紀が厳しいと宣伝したが、実際は一般国民に対しては残酷な強盗殺人行為を繰り返していたのである。

【恐怖支配】――毛沢東は「湖南省農民運動報告」（河出書房）で敵性農民の処罰方法を述

べている。

「農村革命は地主階級を打ち倒す革命であるから、農村社会に一時的な恐怖状態を作らなければならない。その打撃を与える処罰手法として次がある。①財産没収（清算、罰金、寄付金名目）、②軽い詰問（脅迫威嚇）、③大デモ（大人数で押しかけ連日、大宴会を開き豚を殺すなどして全財産を蕩尽させる）、④三角帽子をかぶせて村を引き回す（メンツ喪失）、⑤県の監獄に入れる、⑥追放（大地主はその前に上海租界などへ逃亡した）、⑦処刑（共産党員の指導で農民にやらせる）など」。

ほかにも彼は地域社会の伝統や慣習を徹底的に破壊し、旧に戻せないようにした。そして彼は「革命は客を招いてご馳走することでもなければ、文章を練ったり絵を描くことではない。そんなお上品なものではなく、革命は暴動であり、一つの階級が他の階級を打ち倒す激烈な行動である」と述べた。そのため後年、共産党は良いこともしたが、人を殺しすぎたと批判された。

毛沢東

【中国の暴動と虐殺の伝統】――二十世紀の中国の共産暴動の惨劇は恐ろしいものであるが、中国の歴史では珍しいことではない。毛沢東は若い頃から支那の歴史書を読んでおり中でも大部の『資治通鑑』は十七回も読み通暁していたという。このため麻生川静男氏は『本当に残酷な中国史』（角川書店）の中で、「毛沢東の残忍な統治はこうした民族の歴史的知識の応用に過ぎなかったのではないか」と述べている。国民党の蒋介石も戦後占領した台湾で一九四七年「二・二八事件」を起こし、罪のない元日本人を捕らえ三万人も大虐殺している。

【毛沢東の基地建設】――共産党は各地で暴動を起こし共産地区を作ったが、すぐに国民党軍に鎮圧され共産軍は分散して逃亡した。毛沢東も敗走し、井崗山の山岳地帯では山賊の砦を一味ごと乗っ取った。そして人数が多くなったのでさらに移動し一九三一年、江西省瑞金（台湾の対岸の奥）で**毛沢東を指導者とする中華ソビエト共和国の成立を宣言した。そして毛沢東は一九三二年四月、中華ソビエト共和国臨時中央政府の名前で日本に宣戦布告している。**毛沢東は初めて自分の自由になる軍事力を持ち、対抗する党内指導部に対して自信を強めたと推察される。それが有名な毛沢東の「政権は鉄砲から生まれる」である。

【私党化】――他方、毛沢東は共産党の党員を粛清した。一九二七年の富田事件では国民党のスパイ（AB団、反ボルシェビキの意味）名目で五千人も捕らえて拷問し、連座させて処刑したという。これは毛沢東によるソ連派指導部からの共産党の乗っ取りと共産党の私党化の始まりであった。

第六節　長征と毛沢東の共産党乗っ取り

【蒋介石の第五次反共攻撃】——当時の国民党、蒋介石の基本方針は「先安内、後攘外」といい、国内統一を最優先し、そのあと対外国際問題に当たるという常識的なものであった。そして戦術的には「日本は皮膚病、共産党は命取りの心臓病」と述べたように、ソ連が糸を引く共産党を最も警戒していたのである。蒋介石は自軍だけでなく各地の協力軍閥に依頼して共産軍を攻撃した。共産党は蒋介石の攻撃に抵抗していたが、第五次の攻撃では国民党軍は軍事顧問のドイツのフォルケン・ハウゼン将軍の献策により地域に要塞を作り、共産軍の往来を厳重に封鎖した。このため各地の共産軍は補給が出来なくなり音を上げ、過疎地の西北方面に脱出を始めた。

【流賊】——瑞金地域を支配していた毛沢東も共産党中央の主力部隊とともに西方へ向かって脱出した。これには戦闘員だけでなく女性、運搬人夫なども含まれ、食糧、武器、弾薬に加えて通信機やレントゲンなどの機械器具、書類までが運ばれたので総勢は十万人近くになり、まさに中国伝統の流賊の大移動であった。流賊とは乱世の大盗賊集団で戦闘員のほかに家族、運搬の人夫などから構成され、各地を襲撃しながら流浪したのである。

毛沢東の全盛期には、この長征はまるで聖者の行進のように讃えられたが、その実態は略奪と殺人の悪鬼の襲撃であったから、共産軍の侵攻先の標的になりそうな家は情報が入るとパニックになり、金持ちは上海などの都市へ逃亡したのである。

【長征】――――この移動では共産軍は移動先の既存の勢力や追撃する国民党軍と戦いながら進んだので、長征と称した。この期間は一九三四年十月から一九三五年十一月頃までの約一年間で、通過した距離は一万二千キロに達する。毛沢東らは台湾対岸の奥地の瑞金地域から西進し、桂林の北部を通過し、雲南にぶつかると北上し大雪山脈を越えて、青海省南部からさらに陝西省、甘粛省、寧夏省経由で最終的に陝西省の西安北方の延安へ到達した。

毛沢東は最悪ソ連への脱出も考えていたという。この間、共産軍は戦闘に加え難路のために兵士が死亡し、保安にたどり着いたのはわずか約二万人だったという。そして中共はここに「陝西・甘粛・寧夏革命根拠地」を構築したのである。この頃、**日本は満洲に清朝の最後の皇帝溥儀を招き満洲帝国を建設していた。米国ではニューディール政策が行われ、ドイツではヒトラーが総統兼首相に就任している。**

【毛沢東の共産党乗っ取り】――――この行軍では毛沢東が一九三四年末途中の遵義《じゅんぎ》会議で党の指導権をモスクワ派から奪ったと言われる。党の指導部にはソ連が派遣した李徳ことオットー・ブラウンがいたが、彼は国民党との戦闘で大損害を出し権威を失った。また戦闘の混乱で長距離無線機が失われた。そこでソ連は無線機を届けるため輸送隊を送ったが、途中で地方軍閥軍に攻撃され全滅したので届かなかった。この結果、モスクワからの指示が一年以上途絶えたことがこの党内の指導権争いで毛沢東に有利に働いたという。

【毛沢東の私党化】――毛沢東は指導権を握ると党内の邪魔なモスクワ派の共産主義者を排除粛清し、組織を彼の私党に変えていった。この結果、党運動の思想は共産主義から毛沢東主義に変わり、毛沢東思想が現代のマルクス主義とされた。しかしその実態は、毛沢東を皇帝とする独裁主義に他ならなかった。

西側の人間は社会主義、共産主義という名前に騙されて、毛沢東の中共がそこから逸脱していると考えるが、もともと共産主義は幻想であり現実には存在しない。一方、中国の易姓革命は数千年にわたる伝統的な中国の権力交代の思想であり、その方法として暴民の暴動がしばしば使われてきた。それこそが毛沢東の率いる中共運動の正体だったのである。

こうして**ソ連が中国を傀儡にするために植えたスラブ共産主義運動は、地元の毛沢東に乗っ取られ、名前だけ残して易姓革命運動にすり替えられてしまったのである。**この左翼の妄想論で偽装した毛沢東の私党の実態は、楽園伝説とはまったく反対の中国伝統の凶悪な暴民集団であった。

【長征の実態】――共産党は国民党の攻撃から逃げながらも資金と食糧を手に入れるため侵入先で大きな家を襲い、食糧、財産や金銭を強奪し、殺人、放火、人質を繰り返した。そして地主の土地を分けるといって貧農を騙して破壊や殺人の手先に使い、兵士や運搬の人夫として徴用した。

【外人宣教師の人質】――スイス人宣教師のボスハルトは一九三四年、貴州の東部で長征軍に捕まり、身代金目的の人質にされて一年半も辺境を連れ回された。

「共産軍の人質になった私とハインマンは一列に並んで歩かされた。所属する教団本部（別々）には我々二人の身代金として七十万元が要求されていた。先頭の旗には赤地に黒い星が描かれ、星の中央に白い槌と鎌が描かれていた。捕虜が敵のスパイと判定されると十代の兵士が青竜刀で斬首処刑した。朝出発する時そうした死骸がいくつもさらされており、それには罪状を記した紙が貼り付けられていた。……共産軍は多数の人質を連れ歩いていた。地主は共産軍が近づくと管理人を残して逃げ出したが、これが人質にされたのだ。金を払わないと処刑され、外国人にも処刑された人たちがいた。

ボスハルトは身代金が払われたので富民（地名）の近くで釈放された。しかしハインマンには身代金が届かず衰弱死した。第六軍団の政治委員の王震は釈放時に彼に、マスコミには共産軍に優遇されたと云って欲しい、と白々しく語った」（『長征』H・ソールスベリー著、時事通信社）から抜粋。

こうした情報が広まったので、白人宣教師は共産軍が近づくと聞くと家族もろとも一目散に逃げ出したのである。ただし**一九三六年になると毛沢東は、対西側宣伝のために宣教師の人質や迫**

害行為を中止した。

【中国の国内情勢】――蒋介石は爆撃機まで差し向けて僻地を逃げ回る共産軍を追撃したが、毛沢東は一九三五年末に西安北方の延安地域に逃げ込むことに成功した。そこで蒋介石はいよいよ一九三六年十二月、九年がかりの内戦に終止符を打つために延安の根拠地を総攻撃することにした。これを知った毛沢東は三十万人もの国民党軍との戦いでは勝ち目がないので、飛行機でソ連に逃亡する予定であったという。このため当時、蒋介石は圧倒的に有利で支那統一の五分前といわれていた。しかしそれが彼の油断につながったことは否めない。

第五章　欧州情勢とスターリン

【欧州の緊迫化】――――支那事変の真の原因が遠い欧州情勢の緊迫化とそれに対するスターリンの東部国境対策であったことを知っておきたい。米国発の世界恐慌を受けた日独は、日本にはまだ中国や満洲市場があったが、ドイツ経済は崩壊し、七百万人もの失業者が国内に溢れた。しかし当時のワイマール政府はこの難問を解決出来なかったので、苦しむ国民は迅速な解決を約束するナチス党に解決を託し、一九三三年ヒトラーが選挙でドイツの指導者になったのである。するとヒトラーは、有名な高速道路建設事業を興すなどして失業問題をたちまち解決し、さらに第一次大戦で失った領土の回復を実現したので、国民から熱狂的な支持を得た。

Wikimedia Commons
ヒトラー

しかし彼はドイツ国民経済の最終的解決を自給自足体制の

実現とし、そのための資源をロシアに求めることとした。そしてこの大戦略を一九二四年の有名な自伝『わが闘争』で明言していたのである。これを読んだソ連共産党の独裁者スターリンは警戒心を高め、ヒトラーの攻撃に備えて自国の軍事力を強化するとともに、各国を利用するために国際工作を始めた。それが日本へのスパイゾルゲの派遣、米国における大統領府に到る工作網の構築、中国における中共を使った反日工作すなわち支那事変になったのである。

第一節　ヒトラーの極東戦略とスターリンの対策

【ヒトラーのロシア占領方針】――一九三三年、ヒトラーはドイツの首相に就任すると急速に軍備の増強を開始した。そして将来ソ連を挟撃できるように、極東の反共勢力である日本、蒋介石との友好、強化を進めた。戦後のテレビ放送で元独空軍のガーランド将軍は、対英戦争中のパーティーでヒトラーから本当の狙いはソ連だと聞いた、と述べている。また欧州ではドイツがいずれ欧州の大穀倉地帯ウクライナに侵攻するという噂が拡がっていた。

【スターリンの対応】――ヒトラーの攻撃を察知したスターリンは、内外で対策工作を始めた。国内では共産党と赤軍の指導部の大粛清を行った。これは対独戦の混乱に備えたクーデターの予防策であったと推察される。スターリンは自分の残酷な圧政に対する国民の不満を知っていた。処刑された人の中には革命前からの同志ブハーリンや赤軍トップのトハチェフスキー元帥が含まれ、当時メキシコに亡命していたトロッキーまで秘書の愛人に化けていた刺客に暗殺されている。

【対日工作のゾルゲ派遣】――日本にはスターリンは赤軍参謀本部のゾルゲに、日本軍の北上阻止という使命を与え東京に送りこんだ。ゾルゲは上海ですでに知り合っていた元朝日記者の尾崎秀実と連絡を取り、東京で国際スパイ団を結成した。そして近衛首相に近い尾崎から日本の外交機密情報を手に入れ無線でスターリンに報告していた。**日本は一九三六年十一月、米国の圧迫から孤立を避けるために日独防共協定を締結した。**

【スターリンの対独対応】――**スターリンはドイツの攻撃を警戒しながらも、友好関係を偽装し大量の食糧、石油などをドイツに売却していた。**これは将来のドイツの侵略に対する特に米国世論向けの被害者役の準備と現実的な軍備強化の時間稼ぎでもあったのだろう。

【対米工作と反日】――米国では大統領府に届く大諜報網を構築した。そして東部国境をさらに安全にするため、米国伝統の満洲への野心を利用して日本を圧迫させ、支那事変の苦境に乗じて日米戦争を起こさせるのである。

ソ連の工作組織は米国の新聞、ラジオ、映画界に浸透し激しい反日プロパガンダを行ったので、何も知らない米国人は反日で狂ったようになった。そしてこれを止めようとした極東専門家の元外交官のR・タウンゼントのような米国人は逆にルーズベルト政権に逮捕されてしまった。こうして**支那事変と日米戦争という二重の安全策を確保した上でスターリンは西部の対独戦に専念したのである。**

第二節　落下傘降下するスターリンの密使

【第七回コミンテルン大会の決議】――一九三五年八月一日、ナチスドイツの脅威が高まる欧州情勢を背景に、第七回コミンテルン大会がモスクワで開かれた。そして日独を主敵とし蒋介石と対日統一戦線を組むという決議案が採択された。これは中共の提案とされていたが、長征で蒋介石の国民党軍と激しく戦っていた中共関係者はそのような話はまったく聞いていなかったというから、スターリンの発案を中共の提案に偽装したのであろう。

【スターリンと毛沢東】――当時のスターリンは毛沢東に会ったことはなかったが、対中工作に利用できるという視点から中国共産党の代表と認めていた。独立志向の毛沢東もスターリンを自分の権威づけ、武器や資金源として利用した。共産党

スターリン

指導者といっても両者はともに目的は共産主義の実現ではなく、個人独裁を最大の目標としていたのである。後にフルシチョフは毛沢東の印象として、狡猾で冷酷な感じがスターリンによく似ていたと回顧録に記している。

【落下傘降下したコミンテルンの伝書使】――スターリンは毛沢東にコミンテルンの決議を知らせようとしたが、毛沢東軍は長征中の戦闘で長距離通信機を失っていたので直接連絡ができなかった。

そこでスターリンはコミンテルンの幹部で林彪の親戚の林育英に決議の内容を暗記させ、コミンテルンの特使としてモンゴルとの国境地帯に送り込み（おそらく落下傘降下）、林育英は小商人に変装して徒歩で陝西省北部へ入り保安近くの村で、長征を終えた共産軍に会合した。したがって**毛沢東は、スターリンの蒋介石を使う対日戦争工作の指示を西安事件の一年前、遅くとも一九三五年十一月末頃までに受領したとみられる**。これは支那事変の因果関係を理解する上で非常に重要な情報である。（『長征』H・ソールズベリー著、時事通信社）

こうして毛沢東はスターリンから受けた極秘指令を最優先課題として、密かに翌年十二月の西安事件の準備工作を開始したのである。

【張学良の取り込み】――翌一九三六年四月八日、中共から連絡を受けた張学良は西安北方百八十キロの洛川から自ら専用機を操縦して延安に飛来した。そして翌日、**周恩来とキリスト教**

会で会談し蒋介石を利用して日本軍を攻撃するという大方針で合意した。（『張学良の昭和史最後の証言』臼井勝美、ＮＨＫ取材班、角川書店）

張学良にも当然、何らかの利益が約束されたのであろう。張学良はすでにソ連、中共とは交流があり、蒋介石の延安総攻撃計画を自分の満洲から連れてきた軍閥軍を弱体化させる陰謀と疑っていたという。こうして同年十二月に起こる西安事件の準備が蒋介石や日本が気づかない間に着々と進められていたのである。

第六章　西安事件、対日挑発、奇襲攻撃

【日本人の疑問】――当時の日本は一九三二年に建国した満洲国の開発に力を注いでおり、一九三五年七月には日満経済共同委員会を設置し、満洲国の発展に努めていた。従って**日本には支那本土で大戦争をする計画など全くなかった**のである。それなのになぜ大戦争に引きずり込まれたのか。それが日本人にとって支那事変の大きな謎なのである。

【蒋介石破滅の予言】――一九三六年七月十六日、Ｅ・スノーは毛沢東を訪問して『中国の赤い星』（筑摩書房）を書いたがこの時、周恩来とも会談した。周恩来は彼に「蒋介石の対日攻撃の始まりが彼の没落の始まりになるだろう」と述べた。しかしこれは蒋介石を警戒させるので周恩来の要請で伏せられ、スノーは二十年後の一九五七年に『中共雑記』（未来社）で発表した。この挿話は西安事件のもう一つの狙いを示すものであった。

第一節　西安事件の顛末

【西安事件の発生】――一九三六年十二月初旬、蒋介石は西安北方の共産軍の根拠地延安を最終的に攻撃するために西安に赴き、部下の将軍の張学良と楊虎城に延安総攻撃の作戦命令を与えた。しかし蒋介石が会議を終えて南京に戻る十二日の早朝、張学良と楊虎城が反乱を起こし、反乱軍は西安近郊の華清池にある蒋介石の宿舎を包囲した。そして反乱軍は蒋介石の護衛隊を射殺すると、付近を捜索し、宿舎の裏山の洞窟に隠れていた蒋介石を見つけて捕らえた。彼らは生け捕りを厳命されていたので危害を加えなかった。

【尾崎秀実の予想】――十二日に発生した西安事件のニュースは、翌日には日本の新聞社に入電した。そこで蒋介石の生死について意見が分かれた。すると尾崎は、蒋介石は生きていると予想し的中させた。（『ゾルゲ事件』尾崎秀樹から抜粋、中央公論社）

これは尾崎の評価を高めるためのゾルゲの指示であったと考えられる。

【張学良の要求】――最初、張学良が蒋介石に共産党攻撃を止めて日本軍を攻撃することを要求したが、蒋介石は当然拒否した。スターリンの通訳ベレズロフによれば、ソ連ＫＧＢの工作員として有名なボロディンはこの交渉を隣の部屋で聴いていており、非常に興味深かったという。

ということは**西安事件がソ連の作戦であったことを意味している。**（注、ボロディンは一九四四年モスクワに召喚され、その後逮捕され、最終的には一九五二年に極北の収容所で日本軍のスパイの罪名で処刑されたという。スターリンの口封じである）。

　南京の何応欽ら国民党首脳は直ちに張学良の官職を剥奪し、蒋介石の釈放を求めて討伐戦の準備を開始した。

【周恩来の脅迫】――次に周恩来と葉剣英が延安から飛来し、蒋介石を脅迫した。周と蒋介石の会談は秘密にされているが、当時中共の最高幹部だった張国燾（後、脱党亡命）の回想によると、周がドアを開けて「校長、お久しぶりです」と呼びかけると蒋介石はあっけにとられ、ただ呆然としていたという。全く意外だったのだろう。実は二人は国共合作時代、黄埔軍官学校の校長と政治部主任として互いに知っていた。しかし周恩来は恐怖の人民裁判やモスクワで十二年間も人質になっている蒋の長男経国との再会の話を持ち出すなどして巧みに蒋介石を脅したと言われる。

周恩来

【中共の事件関与】――これは戦前の中共のジャーナリスト范長江の文革当時の自供書からの抜粋である。

「一九三六年十二月に西安事件が発生した時、私は内蒙古独立の綏遠事件の前線で取材をしていた。私は張学良と楊虎城の個人的行動と思っていたが、軍閥長の傅作義将軍が中共が介入していると語ってくれた。私は中国政治の大転換と思い西安に戻り楊虎城の紹介で周恩来に会い、さらに一九三七年二月に延安で毛沢東に会い状況の説明を受け感動した」（『人々の墓銘碑』霞山会）

【宋美齢の説得】――そして十二月二十二日、蒋介石夫人の宋美齢が南京から飛来した。彼女も周恩来とともに蒋介石を説得した。国民党首脳部は蒋介石奪還のために西安攻撃作戦を進めており、そうなれば蒋介石は反乱軍に殺されるので宋美齢は早期解決を願ったのであろう。またこの時、彼女がスターリンの機密の釈放条件を持ってきた可能性がある。というのは美齢の姉宋慶齢（孫文未亡人）はスターリン主義の共産主義者だったからである。

【パンドラの箱を開けた蒋介石】――この説得により遂に蒋介石はスターリンと毛沢東の軍門に降り、過去九年にわたり膨大な人命と戦費を費やして進めてきた中国統一を放棄し、自殺行為となる対日攻撃に方向を転換した。**こうして蒋介石は支那事変という極東の大災厄をひき起こすパンドラの箱を開けてしまったのである。

【日本の対応】――**日本の外務省はこの事件がソ連と国民党の連携を意味するものと見抜いていた。**また朝日新聞もコミンテルンの陰謀と正しく報道している。しかし日本人はこれが蒋介石の失権とその後の日本を亡国に導く大戦争の発端になるとは思いもしなかったのである。

【西安事件のデマ】――毛沢東が蒋介石の処置についてスターリンの指示に反対したという

まことしやかな話が、宋慶齢発E・スノー経由で流されている。（『西安事件』バートラム著、太平出版社）。しかしこれは前年のコミンテルンの伝書使の落下傘降下の事実を知ると、スターリンの首謀性を隠すためのデマであることが分かる。

【密約の可能性】――蒋介石の釈放条件については、関係者は口をつぐんでいるが秘密協定があったと思われる。というのは蒋介石の長男蒋経国が西安事件の翌一九三七年四月に十二年ぶりにモスクワからロシア人妻を連れて帰国したからである。このため**欧米の歴史家は、蒋介石は自分と息子の生命の保全を条件にスターリンに降伏したとみている。**また、蒋介石が息子の釈放後もスターリンに従ったのは屈辱的な写真を撮られるなど違約できない重大な弱みを握られたからであろう。支那人の中には蒋介石を自分と息子の生命惜しさに国を売ったものとして非難する声があるという。

【張学良の西安逃亡】――十二月二十五日、蒋介石は釈放されたので南京に戻るため夫人の宋美齢と西安飛行場の専用機に搭乗した。すると張学良が突然現れ、飛行機に強引に乗り込んできた。驚いた蒋介石が張学良に、自分の部下の軍閥軍（東北軍）がいるのにと言うと、楊虎城に任せてあると言う（しかし楊虎城の子息によると父親は聞いておらず、張学良の逃亡に不満だったという）。押し問答をしているうちに、飛行場周辺から不穏な空気が伝わってきた。張学良の東北軍の内部で紛争が起こる可能性があったのである。そこで宋美齢が長居は無用と飛行機を出

発させた。こうして蒋介石一行は洛陽経由で南京に戻った。（『張学良の昭和史最後の証言』角川書店）

張学良が強引に西安を脱出した理由は、周恩来が張学良を探していたというから、用済みで口封じされることを恐れたものと思われる。

【その後の張学良】――――南京に戻ると蒋介石は張学良を処刑せず田舎に幽閉した。これは共犯の楊虎城が戦後重慶で家族もろとも処刑され埋められたのとは大きく違う（長男だけは延安にいたので助かった）。張学良が助命された理由として、彼が満洲支配時代に農民から搾り取った五億ドルともいわれる莫大な財産を宋美齢に献上して生命を保護してもらったという説がある。張学良は宋美齢を姉さんと呼んでいたという。しかし張学良は台湾でも蒋介石の監視下におかれ、蒋介石は「お前のために支那を失った」と終生許すことはなかったという。張学良は長生きし蒋介石の死後、二〇〇一年ハワイで百歳で死去した。

【蒋介石の方針大転換】――――蒋介石は南京に戻ると、国民党幹部の人事を入れ替えし、日本の士官学校卒など日本と関係のある人は皆外した。そして国共内戦を停止し対日攻撃の準備を始めたのである。その後一九三七年にも国共の小規模な戦闘が散発的に発生したが、続かなかったから、陽動工作とみるべきであろう。毛沢東はゲリラ戦の名手で、三国志などの戦史に詳しく偽装に長けていた。

こうして国共の内戦を蒋介石と日本の戦争にすり替えるというスターリンの魔法のような工作が現実に動き出したのである。

第二節　対日戦争準備

【ソ連の援蒋規模】――戦時中の援蒋は米英が有名だが、その前にソ連が密かに三億ドルの大規模軍事借款を蒋介石に供与していた。ソ連の援助がなければ蒋介石は対日戦を始めることは出来なかった。

【ソ連の北方援蒋ルート】――ソ連は蒋介石に西安西方の蘭州に援蒋補給基地を開設させ、極秘裏に大規模な軍事援助を開始した。ソ連の補給路は外蒙古のウランバートル発と新疆のウルムチ発の二ルートがあった。外蒙古ルートはシベリヤ鉄道の小駅ウランウデから外蒙古のウランバートルまで支線を引き込み、そこから大トラック部隊がはるばるゴビ砂漠の東側に沿って南の蘭州まで大量の兵器、弾薬、その他軍用資機材を輸送した。新疆ルートは鉄道駅のウルムチからゴビ砂漠の西側の古代シルクロードを使ってトラックによる補給が行われた。このほか多数の軍用機が蒋介石に送られた。

【ソ連赤軍の援蒋内容】――中国に派遣されたソ連の赤軍顧問団は将軍クラスからパイロッ

ト、航空整備員まで総計四千名に上った。将軍の中には後のスターリングラード防衛戦の名将チュイコフまで含まれている。そして戦闘機、爆撃機が総計一千機も到着し、蘭州にはソ連人が指導する飛行学校まで作られた。なおソ連は赤軍顧問団の軍事作戦については蒋介石に口出しさせなかった。これだけで誰もが蒋介石が傀儡であり、支那事変がソ連の蒋介石を使った対日代理戦争であったことが分かるだろう。

ソ連崩壊後、支那事変に従軍した元ソ連空軍関係者の回顧録がいくつもモスクワで発表されている。**蒋介石はソ連軍専用の飛行場を都市の郊外に建設し、宿舎、食堂、売春慰安所を設けた。**ソ連空軍は戦闘機を全方向に向かって駐機させ、風向きに拘わらずいつでも離陸できるようにしパイロットを機内で待機させていた。ソ連のパイロットたちは、手当ては良かったが生活が不便なので早期帰国を望んでいたという。

【零戦隊の蘭州攻撃】――――日本軍は蘭州がソ連の援蒋ルートの拠点であることに気づいていたが足の短い陸軍機では攻撃できないので新しく開発された航続距離の長大な海軍の零戦を投入した。一九四一年八月末、攻撃隊が中国北西部の最前線の運城基地から蘭州に向けて出撃した。この中には後年日本海軍のエースと謳われた坂井三郎飛曹が含まれていた。以下『大空のサムライ』坂井三郎著（講談社α文庫）から抜粋。

「我々は零戦十二機の編隊で出撃した。運城は黄河が渭水と分岐する地点で近くには有名な函谷関がある。気候は非常に寒く八月末なのに夕方は十度に下がった。一帯の地形は上空から見ると、まるでカルメ焼きのような奇怪な形状をしており、飛び立ってから二時間半の飛行中、翼下は見渡す限りの山岳地帯で一木一草もない。まるで牛糞のような黄色い山の連続である。しかしその重畳たる山の間を縫って曲がりくねった道路が白く見える。これがソ連の援蒋北方ルートなのだ。これを見て私は思わずうなってしまった。よくもこの奥地にこれだけの道路を建設したものだと、あの万里の長城を築いた中国人の粘り強さに驚き呆れた。やがて前方にきらきら光る水平線のようなものが見えてきた。青海湖かと思ったが方向が違う。近寄ってゆくとそれはゴビ砂漠だった。私はこの果てしない中国大陸の広大さを見て、手応えのないものと戦っているような空恐ろしさを覚えずにはいられなかった。しかし、到達した敵飛行場は空っぽだった。近隣の松藩飛行場に皆待避していたのである」

【日本軍の援蒋ルート調査】――一九四四年、当時弱冠二十一歳の木村肥佐夫（日本大使館付き調査員）はソ連の援蒋ルートのある中国西北部を調べるために、北京北方の張家口からラマ僧（巡礼名ダワ・サンボ）に変装し、蒙古人の夫婦を従僕に中国の内蒙古沿いに調査に向かった。彼は任務完了前に日本が敗戦したので、その後チベットに抜けて大変な苦労の後に帰国を果たした。当時この地域の情報活動で殉職した日本青年は何人もいた。木村の『チベット潜行十年』（中央公論社）は当時の日本青年の心意気をよく伝えている。

【蒋介石の対日戦争準備状況】――――蒋介石は西安事件後、上海租界の周辺のウースンの水郷地帯に対日戦の主戦場にすべく、日本人が想像できないほど大規模なトーチカ陣地の構築を開始した。しかし**日本側はこの情報があったのに深く考えず何の戦争準備もしていなかったのである。**

第三章　挑発攻撃の開始

【挑発の狙い】――――蒋介石が一九三七年上半期に戦争準備を終えると、スターリンは対日攻撃を始動させた。最初は心理戦であり、目的は日本人を激昂させて冷静な判断力を奪うことであった。ロシアの諺には、「神は最初に滅ぼそうとするものの理性を奪う」がある。また国際社会に対しては、日本側との小競り合いを続けて大戦争の責任を誤魔化すこともあったろう。

こうして一九三七年の七月から八月上旬にかけて執拗な対日攻撃が始まった。なお、戦後日本では日本軍と蒋介石軍が衝突したといわれているが、戦争は極秘裏に十分な準備をした上で相手の隙を見て一方が攻撃して始まるので、開戦時には衝突はありえない。これは攻撃した蒋介石側の責任を隠すためのごまかしである。また前線の兵隊が勝手に戦闘を始めることはありえない。軍隊には厳格な命令系統があり、違反すれば極刑に処されるからである。

【盧溝橋事件の勃発】――――一九三七年七月八日に盧溝橋事件が起きた。ＰＫＯの日本駐屯軍

飛行機から望む盧溝橋（右側）

の小部隊が盧溝橋で平常通り夜間演習をしていたところ、対岸から実弾攻撃を受けた事件である。そこで日本軍は自衛のため反撃し対岸の蒋介石配下の宋哲元軍閥に抗議したところ、一応停戦に同意したが挑発攻撃を止めなかった。これは後から見ると全体の挑発攻撃の始まりに過ぎなかったのである。

現代の中共はこの事件の発生日を国家の記念日にしているが、日本が戦争を始めたのではないから中国側の対日挑発攻撃の記念日ということになる。**蒋介石は七月十七日の盧山会議で、加害者なのに被害者を偽装して全国に対日攻撃を宣言した。**これは宣戦布告と同じである。しかし**日本側は蒋介石の意図が分からなかった。**

そしてその後七月二十五日には北京近郊の廊坊駅でＰＫＯの日本軍が張自忠将軍の許可を得て通信線の修理に向かったところ、蒋介石軍が自動火器、迫撃砲で攻撃して来た。そこで日本軍は翌朝、戦闘機を出動させ敵陣地を爆撃して、工兵隊を救出した。そして翌七月二十六日には日本軍ＰＫＯが北京の広安門をトラックで通過中、蒋介石軍が突然城門を閉め、機関銃攻撃をしてきた。中国側の対日開戦姿勢は明確であった。そして翌二十七日の夜、天津駅一帯が襲われるのである。

【天津駅の戦闘】――田形竹尾陸軍（航空）軍曹の回想『飛燕対グラマン』（今日の話題社）から。

「七月二十七日夕方、私は門司から部下を引率し天津基地に着任した。すると司令官から直ちに衛兵司令として十一名の部下を指揮して天津駅に向かい部隊機材を警備するように命じられた。当時、天津には日本のほか英米仏ソ連などの租界があった。

……午後十時北京行きの国際列車が発車すると駅は急に静かになった。駅の警備兵は合計約百名いたが戦闘力のある歩兵は三十名に過ぎなかった。私は二名の不寝番を残すと他の兵には小銃に実弾を込めたまま仮眠させた。皆長旅で疲れていたのですぐ寝入ってしまった。私は拳銃を持ち目を開けたまま横になっていた。

しかし夜が更け十二時を過ぎた頃あたりに何か不気味な殺気が感じられた。そして午前二時頃駅の周囲からバーン、ドーンと猛烈な小銃の一斉射撃の音が起こった。『敵襲』と云う不寝番の声に一同飛び起き、あらかじめ決めておいた持ち場についた。この時ホーム上には既に数十名の敵兵がいた。そして線路上には数百名の敵兵が伏せて射撃している。そこで『電灯を消せ』と云うや私は近くの電灯を拳銃で撃った。このとき駅の司令部が電灯を全部消したので、駅一帯は闇に包まれた。ホームの上では敵と味方が乱闘をしている。私にも三名の敵が襲いかかってきた。そこで一人を拳銃で殴り一人を脚で蹴飛ばした。もう一人は前田一等兵が銃剣で突き刺した。後で分ったが敵は迫撃砲、機関銃、小銃などを装備した十九路軍とゲリラ部隊の約三千名で、天津駅は完全に包囲されていた。

その後、日本軍歩兵一個大隊六百名の救援と戦闘機、爆撃機の反撃により攻防は実に一昼夜二十七時間に及んだが二十九日早暁、敵は百二十名の遺棄屍体を残して総退却した。味方の被害は、青木大佐以下戦死十四名、重軽傷十一名に上った。私の隊は運よく私と前田上等兵が左頰に小銃弾の擦り傷を負っただけで皆無事であった。生き残れたのはまったく歩兵のおかげであった」

田形氏は陸軍の教官を務めた名パイロットで、筆者は生前お目にかかったことがあるが、小柄で温厚な方であった。

【在留邦人少年の回想】――『天津の日本人少年』八木哲郎著（草思社）の著者は三井物産の駐在員の子息で、当時日本人一万人が居住していた天津租界で生活していた。

「七月二十八日、青空を日本軍のかなりの数の爆撃機が飛んで来るのが見えた。租界中の日本人は総出で天津駅や飛行場など爆撃の黒煙の立ち上る方向を見ていた。しかし皆、蔣介石軍を弱いと思っていたので楽観していた。……午後日本人街にはおびただしい日本軍が行進してきた。国防婦人会の人たちが冷たい麦茶のサービスを始めた。この日、家に兵隊が四人泊まった。一人は父の郷里に近い久留米の出身なので父はことのほか嬉しそうだった」

【通州大虐殺事件】――七月二十九日未明、**北京近郊の通州の街で三千人の蔣介石軍の大部**

隊が日本軍の特務（情報）機関と一般邦人を襲い、約三百名を虐殺した。特務機関員は最後まで勇敢に抵抗したが多勢に無勢で全滅した。これを知った日本軍はすぐに救援軍を送り、蔣介石軍は逃亡した。しかし邦人の被害は見るに堪えないほどのものであり、日本人は激昂した。しかしこれこそが日本人を挑発するための計画的な虐殺であり、冷酷無比のスターリンの狙い通りの展開だったのであろう。なお、この通州事件の時、偶然居合わせた支那人の妻になっていた日本女性がその恐るべき恐怖の体験を離婚し帰国後、記録に残している。

「黒服を着た兵隊は妊婦の腹部を断ち割り胎児を引きずり出した。……重症を負った末期の老婆は『仇を取って、ナンマイダブ』と唱えて息を引き取った」（『通州事件目撃者の証言』藤岡信勝著、自由社）

【奇襲攻撃の切迫】――七月三十一日、蔣介石の米軍顧問のシェンノートは、南京（おそらく宋美齢）から戦争が切迫しているので上海租界の白人に避難を急がせるようにという電話を受けた。（『シエンノートとフライング・タイガース』吉田一彦、徳間書店）

【大山大尉事件】――そして八月九日、上海で蔣介石軍による大山大尉と斉藤一水の虐殺事件が起きた。日本人はこの惨劇を知るとさらに激昂した。そしていよいよ蔣介石の上海奇襲攻撃が始まるのである。

第四節　蒋介石の上海租界奇襲

【上海奇襲攻撃と日本人の防衛戦】――七月二十八日、日本政府は中国側の急激な排日行為の高まりを見て全邦人居留民に避難命令を出した。これにより漢口、南京など長江沿岸都市から邦人民間人が続々と上海租界に避難してきた。彼らは長崎へ帰国して行ったが、八月上旬にはまだ二万人位の邦人が逃げ遅れて上海租界に残留していた。これに対して一九三七年八月十三日、約五万の国民党軍が日本人への奇襲攻撃を開始した。上海市内では潜伏していたゲリラが一斉蜂起し、租界の北方からは日本人が多く住んでいた虹口地区に攻撃をしかけてきた。彼らは日本人を黄埔江に追い落とし、通州事件のように虐殺しようとしたのである。

租界に駐屯していた日本軍は当初、蒋介石軍を刺激しないようにひたすら防衛に徹していたが、敵が砲撃まで始めたので反撃を始めた。日本海軍は急遽、停泊中の軍艦から四千名の水兵を下ろし、海軍特別陸戦隊を編成し邦人防衛にあたらせた。日本人市民も当時の男子は徴兵訓練を受けていたので、猟銃まで持ち出して防衛に参加した。日本軍は圧倒的な兵力差にもかかわらず、風向きを見て火を放って敵兵の侵入を防ぐなど臨機応変に必死に防衛戦を行った。

なお戦後、**日本軍がこの時、蒋介石軍を攻撃したとか、両軍が衝突したとかいわれているが、**

全部虚偽であり、蒋介石軍の一方的で計画的な奇襲であったことを知っておきたい。

【英雄的な日本人の防衛】――これは米国人ジャーナリストの記録である。

「戦闘が始まると、欧米メディアは中国が日本軍に攻撃されていると報道した。しかし実際は日本側が圧倒的な敵と絶望的な戦いをしていた。日本兵にとって驚いたことにはすべての地域が密かに要塞化されており国民党兵がドイツ製の優秀な武器を装備し、十分訓練されていた事であった。日本軍は罠を仕掛けられていたのだ。それでも日本兵は十倍以上の敵の攻撃を一週間も持ちこたえた。この日本兵の勇敢な戦い振りは世界の軍事史に記録されるだろう。しかし世界の新聞は既に反日で特に米国の新聞は偏向しており日本軍を非難した」（『中国の戦争宣伝の内幕』F・ヴィンセント著、芙蓉書房出版）

【上海空襲】――翌八月十四日、蒋介石のマーチン爆撃機五機が周辺飛行場から上海租界に飛来し、黄埔江に停泊していた巡洋艦『出雲』を爆撃した。そこで出雲が高角砲で反撃すると一機が被弾し遁走する途中租界上空から二百五十キロ爆弾を三発、投弾した。この一つは大世界という繁華街の路上で爆発し、死者負傷者一千名を越える大惨事となった。第二弾はキャセイホテルの玄関前で炸裂したため、中国人多数と外国人（後の日本大使、ライシャワー博士の令兄を含む）らが爆死した。そして第三弾がパレスホテルを直撃した。

すると**蒋介石は早速、日本軍機の爆撃と非難したが、爆弾がイタリア製であることが分かりす**

ぐに国際社会に嘘がばれたという。このためニューヨーク・タイムズの特派員は、「国際社会は、蒋介石が無責任な空爆を行って上海の国際租界とフランス租界の無力な民間人を殺すのを止めさせるために何らかの国際的措置をとるべきである」と非難した。**しかし欧米のメディアは蒋介石を非難せず既に日本を敵視する方向に固まっていた。**

【日本の反撃】――そこで八月十五日、日本海軍は折からの台風をついて九州と台湾の基地から爆撃機を発進させ上海周辺の南京、南昌、漢口の軍用飛行場を攻撃し、敵のソ連製戦闘機、爆撃機を多数撃破した。

【蒋介石の狙い】――蒋介石の租界攻撃の狙いは、直接的には日本人居留民を皆殺しにすることであったが、**真の狙いは本土の日本軍を邦人救出のために上海に出動させることで、さらに日本軍を支那本土の奥地に引きずり込む戦略であったと思われる。**主戦場になる広大な上海郊外の水郷地帯（クリーク）には、すでに日本軍の上陸に備えてソ連製の水冷式重機関銃を装備した数万棟のトーチカ陣地が、死角がないように配置され、日本軍の上陸を今や遅し、と待っていたのである。

【陽動作戦】――なおこの時、北京方面でも対日攻撃行為があったがこれは主戦場の上海を隠すための陽動作戦だったのだろう。毛沢東はこうしたゲリラ的な偽装戦術は巧みである。だから北支の紛争が上海に飛び火したというようなことはない。すべては準備されていたのである。

【ドイツ顧問団のそそのかし説】——支那事変の原因として、ドイツ軍顧問が蒋介石に独製兵器を売るために支那事変を起こしたという説がある。たしかに蒋介石はドイツの軍事顧問団を雇っており、上海事変でも彼らが前線で指揮し戦死者も出ている。しかし蒋介石には対日戦を起こしても利益がない。すなわち戦略的に中国統一直前の蒋介石にとって対日戦は統一を遅らせ、莫大な戦費と虎の子の精鋭部隊を失うだけである。従って不合理である。またその後の**ヒトラーの講和仲介行為自体が、日本と蒋介石の戦争を望んでいなかったことを示している。**さらに、翌一九三八年七月にはヒトラーは蒋介石の熱心な引き留めにも関わらず、顧問団全員を帰国させている。蒋介石の引き留めの狙いは、裏で大量のソ連赤軍顧問団を受け入れていたから国際社会に対する隠蔽工作であった可能性がある。

第七章　日本政府の選択と出兵

【分かりにくい日本政府の対応】――――現代日本人は、なぜ日本軍があれほど中国大陸の戦争に入り込んだのか分からないだろう。大陸は日本の国防とはまったく関係がないからだ。私の母は普通の主婦であったが、戦前の日本は中国に関係し過ぎたと生前話していた。この原因として敵の誘導戦略とそれに乗せられた日本の指導部の誤判断があった。これは今でも知られていないので日本が泥沼に引きずり込まれた経緯を分析したい。

第一節　撤退か出兵か

【石原作戦部長の撤退論】――――日本政府内部は中国情勢が急迫すると基本方針の選択を迫られた。すなわち中国からの即時全面撤退か反撃してから講和を求める出兵である。以下『石原莞

石原莞爾

爾の悲劇』今岡豊（芙蓉書房）を参考に、日本の失敗を分析してみる。今岡氏は当時、陸軍参謀本部の作戦課員を務めており、大佐クラスの幹部の会話を直接側で聞く機会があった。

参謀本部作戦部長の石原莞爾少将は全面撤退を主張した。それは、**中国大陸は広大であり大戦争になれば収拾の見込みがつかない。撤退企業への補償も二億円位（当時）ですむが、戦争になれば想像もできない。また、今の日本は建国したばかりの満洲国を固めることが第一だから、最大の敵ソ連を警戒し中国からは撤退すべきだというもの**で、合理的でありその後の展開を見ても全く正しかった。

そして石原完爾の中国観は単なる知識レベルではなかった。というのは、彼は以前中国を知るために上司に要請して中国に赴任したことがあり、その滞在中に中国全土を視察し、特に西安から武漢まで現地案内人も恐れる秦嶺山脈を越えて大踏破旅行（東京・青森間）を敢行していた。だから中国大陸の広大さと政治社会状況の複雑さを知識だけでなく体験的にも十分知っていたのである。

しかしこの参謀本部の会議で彼の意見に同調したのは河辺虎四郎大佐ら数名で、武藤章大佐以下多くは反撃して蒋介石に痛撃を与えてから講和するという一撃講和論を主張した。しかしこれは一方的な想定であり、**講和不成立の場合の対策は何も持っていなかった**のである。

【杉山陸相への建言】――こうした状況で危機感を高めた石原部長は七月十九日、杉山陸軍大臣に面会し以下のように出兵に反対する意見を具申した。

「現在我が国が中国に動員できる軍事力は十五個師団程度なので蒋介石との全面戦争はまったく不可能です。また中国大陸の戦争は広大なのでナポレオンのスペイン戦争のような泥沼に陥り日本の破滅の原因となる危険性が大です。そこでこの際北支の日本軍を一挙に山海関まで下げ、近衛首相と蒋介石総統の直接会談で問題の解決を図ったらどうでしょうか」

しかし同席する梅津次官らは支那派遣軍の駐兵など既得権を重視して反対したので、石原の即時全面撤退案は採用されなかった（杉山元大将は敗戦時に自決した）。

黒幕のスターリンにとって支那事変は対独戦に備えた日本と蒋介石の無力化工作であるから、戦争の継続自体が目的であり、この戦争は日本にとって講和のない戦争だったのである。もし日本側がこれに気づいていれば言うまでもなく石原作戦部長の意見に従い総撤退したであろう。

【米軍スティルウェル大佐の意見】――米軍の中国通、スティルウェル大佐（のちの支那派遣軍総司令長官）は、彼の日記に次のように記した。

「日本の上策は全面か一部を確保した撤退である。そうすれば蒋介石は国共内戦を再開せざるを得なくなる。日本の下策は反撃して大陸の戦争に引きずり込まれることである」（『日中戦争』第

三巻　児島襄、文藝春秋）

【日本の誤解】――日本側には今から見ると参考にすべき重大な情報があったが、生かせなかった。敵の戦略が最後まで見えず、陽動や敵の偽情報によって誤った方向に誘導されたからである。そして現在でも支那事変の因果関係が分からず中共の被害者偽装に騙されているのである。

【勘と論理】――石原部長は、おそらく七月から立て続けに起こる蔣介石の挑発攻撃に、今までとは違う異変を感じたのではないか。彼の意見は論理的で分かりやすいが、それを採用するにはその前に異常を感じる感覚が必要だったのである。しかし日本側は敵の隠された企図に気づかず、過去の延長として局地解決を考えたため後手に回り、日本はスターリンの大戦略に呑み込まれてしまったのである。

【判断ミスの原因】――この原因として以下の四点が考えられる。

①日本軍の**蔣介石の軍事力軽視**。大本営参謀の瀬島龍三氏は戦後、ハーバード大学の講演で、当時の軍部内では、支那軍閥はガツンとやれば参るという空気が圧倒的であり、蔣介石軽視がこの戦争の最大の敗因であったと述べている。これはそれまでなら正しかったが今度は後ろにソ連が付いていた。

②感情論。蔣介石の度重なる反日挑発工作に激昂し、**判断に報復感情が入り込んでしまったこと**である。これはまさにロシアの諺にある理性を奪われたのである。

③既得権に拘泥した。これは**義和団事件の駐兵権や上海租界の紡績事業などの過去の既得権にこだわったことがある。**

④戦死者の重荷を見落とした。これは**政府と軍部が戦死者の遺族から受ける政治的な重圧**である。遺族国民にとっては大事な人を捧げたのであるから当然、価値ある死でなければならない。それは第一に戦争の大義名分であり、戦争の勝利である。日露戦争は自衛戦争の勝ち戦であったにも拘わらず、遺族は不満を抱いた。だからこそ遺族は乃木司令官の子息二人の戦死、夫妻の殉死そして家断絶という悲劇により慰められたのである。

第二節　見落とされた重大情報

【異変情報】――――この事件では今から見ると異変を知らせる重大な軍事情報があったが活用されなかった。実に惜しまれることであった。以下、主な情報を挙げてみよう。

【ソ連の援蒋情報】――――参謀本部は一九三七年九月四日までに特務機関から、ソ連が中国北西地域（蘭州）に航空機百五十機、戦車、大砲、弾薬多数を送り込んでいるという報告を受けていた。これは支那事変の黒幕が強大な宿敵ソ連であるということを意味していた。

【ソ連の対日戦略】――――陸軍参謀本部第二部（情報）は、ソ連の本意は日本をシナ大陸の長期消耗戦に引きずり込むことであると正確に推測していた。ソ連の避雷針戦略の気づきである。

【上海の主戦場構築】――参謀本部は一九三六年十二月の西安事件以降、蒋介石軍が上海租界協定に違反して、租界の後背地のクリーク（水郷）地帯に多数のトーチカ陣地の建設を始めていることに気づいていた。この地域は一九三二年の第一次上海事変の戦場になった場所であるが、その陣地の広大さと重武装化を知ったのは戦闘が始まってからであった。

【蒋介石の無力性】――一番大事なことであるが、日本側は西安事件がソ連の工作と気づいていたのに、蒋介石がスターリンの傀儡になり権力を失ったことが分からなかった。このため日本側は無力の蒋介石を相手に**何度も無駄な講和交渉を呼びかけてしまった**のである。

【陽動攻撃に惑う】――一方、蒋介石側は日本側に企図を見抜かれないように、北支や山東半島などで矢継ぎ早に陽動攻撃を加えてきた。これに対し日本側は基本方針が不明確なので、目隠し鬼にされたように振り回され中国からの撤退のタイミングを失い、情勢の悪化で石原部長もついに出兵に同意せざるを得なくなったのである。しかし石原は不拡大方針は変えず辞任し、満洲国の副参謀長に転出した。

【ソ連スパイ尾崎秀実の誘導工作】――尾崎（内閣嘱託）はゾルゲの指示で近衛内閣に対し、この戦争の原因は日本軍の満洲事変以後の北支工作であり世界戦争に発展するだろう、と予言した。これは真の原因が西安事件に始まるソ連の避雷針工作であることを隠すためであったが、日本政府側は騙された。日本では現在でもこの誤解の影響が残っている。
【毛沢東の対日戦略案】――米人E・スノーは前年四ヶ月に亘る延安における毛沢東との会談取材の結果をまとめて、一九三七年十月に『中国の赤い星』をロンドンで発表した。この中で毛沢東は対日戦では蒋介石の指揮に従い、ゲリラ戦で日本を大陸に釘付けにし、消耗戦に追い込むという基本戦略を述べている。これは明らかに西安事件と第二次国共合作、そして支那事変の対日基本戦略を示唆する内容であったが、当時の日本はすでに上海戦で甚大な被害を受けており、この重大な情報を重視しなかった。なお、毛沢東はスノーを米国の諜報員とみて西側への宣伝に使ったという。

第三節　運命の出兵と日本の破滅へ

【出兵決断】――近衛文麿首相は対応方針に迷ったが、現地情勢の急迫からついに亡国に到る運命の出兵に踏み切ってしまった。日本政府側に上海租界への派兵は日本の自衛戦争ではなく、中国人の内戦に巻き込まれることであり、蒋介石と戦うことが日本の敵である共産主義のソ連、中共を利することになるという大局的な視点がなかったことは実に惜しまれる。
【衝撃の大被害】――参謀本部は軍事作戦の実施にあたり蒋介石軍を軽視していたので、日本の大被害を想定していなかった。このため緒戦で名古屋第三師団の壊滅を含む戦死傷者四万二千名という予想外の大被害を見ると衝撃を受けてしまった。これは日露戦争の旅順戦の犠牲者五万九千名につぐ大きな被害であったからである。

当時の日本軍は平等に徴兵されていたから名門の子弟や帝国大学のエリート卒業生も一兵卒として従軍しており、**成果のない無駄死は許されなかった。**この被害の生み出す巨大な重圧が支那事変を泥沼化させた第二の原因と考えられる。

【悪循環の底なし沼へ】――すなわち軍の責任者は甚大な犠牲を正当化するためめざましい成果を出すことが政治的に不可欠になったので、せっかく上海戦が終わったのに、制令線（進出限界）を突破して首都南京へ進軍した。そしてあり得ない蒋介石の講和を求めてさらに奥地に軍を進めていったのである。

これは**負けを取り戻そうとする博打の失敗のパターンである。**そして気がつくと日本軍は、遂に奥地の重慶まで進むか、自主撤退するしか選択肢がない状況に追い込まれてしまった。しかし重慶を占領しても蒋介石が講和するとは限らない。また自主撤退すれば、撤退戦自体が大損害を出す上、大量の戦死者を出している以上、国民の怒りで何が起こるか分からない。

日本政府はまさに進退が窮まってしまった。そこに一九四一年十一月、日本の窮状を見た米国ルーズベルト政府から中国本土、満洲からの全面撤退を迫るハル・ノートが要求されるのである。

第八章　戦闘

第一節　上海上陸作戦

【一撃講和方針の誤りと上海の大損害】――一九三七年八月下旬、日本政府は本土から、逃げ遅れた上海の居留民救援のため陸軍部隊を送った。しかし、上海郊外のクリーク地帯に上陸した日本軍を待っていたのは予想外の強敵で、名古屋第三師団は第一次大戦の激戦で有名なベルダン戦に匹敵する猛烈な弾幕攻撃を受け二週間で壊滅した。**この大損害は戦時下の日本の情報統制と戦後の日本加害者史観で日本人には隠されてきたので知っておきたい。**

【上陸時の衝撃】――九月三日、四国歩兵十二連隊の三次捷三伍長は、上海近くのウースン岸壁に上陸した。しかし彼の目を射た光景はまさに地獄であった。

「岸壁一面には数千の兵士の死体がマグロのように転がっていた。これは十日前に上陸した名古屋第三師団将兵の変わり果てた姿であった。これを見て私は死と隣り合わせで生きていることを

国民党軍の攻撃に備える日本兵

実感した。敵の射撃は数発ではなく、数百発が飛んでくる」（『上海敵前上陸』三好捷三著、図書出版社）

【クリーク渡河】――上海の後背地は大水郷地帯であった。

『呉淞クリーク』日比野士朗（中央公論社）から抜粋。

「幅五十メートルもあるクリークは右から左へ滔々と赤茶けた水が流れている。夏の豪雨のようにザアザアという音がする。非常に沢山の軽機関銃と重機関銃の発射音が錯綜しているのだろう。向こう側は斜面、その先は百米位の綿畑、そしてその先に崖があり崖には敵の銃眼がある。これは一瞬に見た光景ですぐ頭を下げた。ヒュッとつらぬく弾丸音を聞く。……突然鉄兜を一発カーンと撃った。焦げ臭いにおいが鼻を抜ける。かすり弾丸だったのだろう。……クリークを渡るために小舟を下ろしに行く。そして舟に飛び乗るとその瞬間に腕にピシャッと叩かれたような衝撃を感じた。みると軍服の袖に穴が開いていた。やられないぞ、と思ったが、次の瞬間肩の付け根をやられた。思わず『またやられた』というと木島上等兵はにやりと笑った。しかしその瞬間木島は戦死したらしい。私は舟底に倒れ込み舟はゆらゆらとクリークを流れ始めた」

「工兵は必死のおもて朱け注ぎ渡る我らに声からし叫ぶ」石毛源（歩兵軍曹）

【激戦】――――『上海敵前上陸』三好捷三著から抜粋。

「私たちの中隊は周家宅という村に入った。中隊長が敵はいないと云ったので、安心して広場の中央に集結した。すると突然敵の手榴弾が炸裂し敵の重機関銃の一斉射撃が始った。我々は動転し、なす術もなくただじっと伏せていた。敵との距離は二十米位だが弾幕でそれが越えられない。悪夢のような数分が過ぎると、後方から轟音が響いてきた。すると中国兵の隠れている家が土煙や大音響と友に飛散し始めた。味方の中型戦車が三輌並んで砲撃しているのだ。やがて戦車は我々の横を猛スピードで通り過ぎると敵の民家を壊し始めた。土煙の中を敵兵が蜘蛛の子を散らしたように逃げてゆくのが見える。戦車は全部の民家を倒すとそのまま去って行った。私は二百名もの歩兵が手も足も出ない敵をたった三輌で撃破した戦車の威力を見て将に神業に見えた。後にこの時の戦車指揮官が有名な西住戦車隊長（後戦死）であったことを知った。しかし中隊は一瞬にして四分の一、戦死十六名、負傷者三十八名の犠牲を出してしまった。

【中隊長の戦死】――――続けて『上海敵前上陸』から。

「中隊は田中中隊長を先頭にものすごい敵の弾雨の中を進んで行った。我々は壕で待機し敵の攻撃が下火になるのを待って前進した。しかし最初中隊が停止していたところに行ったが、中隊はおらず兵隊があちこちに倒れている。中隊は相当の被害を受けたようだ。周囲を見ると三十米位離れたクリークの岸で将校が倒れていた。もしやと思うと田中中隊長であった。瀕死の重傷であった。私は兵隊に手伝ってもらい膝の上に抱き上げた。『中隊長しっかりしてください。自分が助ける。しっかりするんだ』すると中隊長は目を細くあけて、『三好か、俺はもうだめだ。とうとうやられた。支那の匪賊とは違う。強い。死ぬなよ。三好』。私はなすすべもなく呆然としていた。中隊長は膝の上で亡くなった。少しすると中隊が戻ってきたが上陸以来苦労をともにしてきた多くの仲間が戦死していた。中隊は上陸十二日目で半数以下に減ってしまい伍長の私より上の指揮官はいなくなっていた」

【名古屋第三師団遺族】――上海上陸戦で大打撃を受けた名古屋第三師団歩兵第六連隊の悲劇は忘れられているが、当時悲しんだ遺族が写真を元に戦死者の石像を作り、約百体を名古屋市千種区月ヶ丘に安置した。これが戦後、占領軍により廃棄されるところを住職の懇請で現在の岩屋寺（知多郡）に移管安置された。

「戦死せる友の誰彼かぞえつつ負傷兵は皆涙ぐみたり」石川清（上海派遣軍）
「戦死せしと思いし友のかへり来てあい抱きつつ我ら泣きたり」瓜生鉄雄（歩兵少尉）

第二節　第二の失敗、制令線突破と南京追撃

【敵の逃走】――日本軍はクリーク地帯の攻撃が被害続出で攻めあぐんだので十一月五日、

上海の裏側の杭州湾から柳川兵団を上陸させ蒋介石軍を挟撃することにした。するとこれが成功し上海の蒋介石軍は南京をさして敗走を始めた。

「私たちは二百米ほど走って南京道路に出た。道路上は次第に騒がしくなり、日本兵が充満し始めた。見渡す限り活気に包まれてきた。二ヶ月半の地獄のような上海戦は終わった。兵士達は抱き合って喜んでいる。『戦争は終わったんだ』将校までが興奮して『あともう一踏ん張り』と叫んでいる」（『上海敵前上陸』三好捷三著、図書出版社）

【南京追撃の第二の失策】――日本軍は敗走する敵を追って進軍した。陸軍参謀本部は補給力の限界から当初蘇州・嘉興、次いで太湖以東、無錫・湖州を進出限界とする制令線に定めて戦場を上海地域に限定していたが、第十軍は逃げる敵を追う戦場の心理から制令線を越えて三百キロ先の首都南京に向かってしまった。大本営はやむなく追認したが、これが日本軍の第二の大失敗であった。ここで踏みとどまればまだ撤兵できる可能性があった。また、敵の敗走は途中の独軍事顧問団の建設した防衛施設を使わなかったから日本軍を奥地に誘い込む誘導作戦であった可能性がある。孫子には「偽って退却する敵を追ってはならない」とある。四年後の独ソ戦でもスターリンは緒戦で赤軍に積極的な抵抗を許さず、ドイツ軍をロシアの奥地に誘導している。

【尾崎、石原論争の意味】――戦前、文藝春秋誌で石原莞爾少将と尾崎秀実が対談し、尾崎が支那事変の拡大を主張し日本軍は漢口まで占領すべきと主張したので、戦争不拡大派の石原少将と大激論になったという。尾崎はソ連スパイ、ゾルゲの配下であったからスターリンの意向が日本軍の奥地誘導であったことが分かる。

【犠牲】――しかし南京に急行する日本軍の中には敵に逆襲されて全滅した部隊もあった。蔣介石軍は残酷で日本兵を惨殺し遺体を毀損するなど凌辱したので、戦友は遺体を抱いて慟哭した。

第三節　南京戦の真実

【南京攻略の狙い】――南京戦は中共の現代の反日宣伝に使われているので、当時の日本軍の戦略的な狙い、戦闘の実態、反日宣伝の基本的な否定論を知っておきたい。**日本の戦略目的はあくまでも講和の促進であった。当時の世界では首都の占領は戦争の終結を意味したからである。**しかし蔣介石は降伏しなかった。これは蔣介石がスターリンの支配下にあり講和を決める権力が無かったからである。ただ蔣介石も対日戦の続行が自軍を弱める自殺行為であり、戦後の国共内戦再開に不利になることはよく分かっていた。この行動の矛盾も支那事変が分からないと言われる大きな理由の一つである。

【南京戦の実態】――南京は上海の北方三〇〇キロにある長江沿いの歴史のある城壁都市で

ある。市内の面積は世田谷区位で当時、蒋介石政府が首都を置いていた。南京の北側に長江が流れ域外の河岸に下関港がある。近郊には孫文を祀る中山陵、大校飛行場、雨花台処刑場などがあった。人口は百万人近かったが、戦争が近づくと当然市民は脱出し、最後まで残っていたのは国際機関の調査によると二十万人であった。

【首都南京占領作戦】――当時、日本側は首都を占領すれば支那事変は終わると考えていたので講和締結を目指して国際非難を浴びないように注意深く南京攻略を開始した。日本軍の松井司令官は、防衛司令官の唐生智将軍に次のように降伏を呼びかけた。

「勧告文、日軍百万、すでに江南を席巻せり。南京城は将に包囲の中にあり。今後の交戦は百害あって一利なし。……回答は十二月十二日正午、歩哨線において　大日本陸軍総司令官　松井石根」

【無回答】――しかし防衛司令官の唐生智将軍は部下を残して既に逃亡しており、期限までに回答はなかった。日本軍参謀部は蒋介石の面子を保持させる形で講和しようと考えたが、それはこの戦争の本質を理解していなかったのである。そこで日本軍はやむなく総攻撃を開始したが、南京城は厚さ三十米という巨大な城壁で守られていたから、兵力の少ない日本軍には容易な戦いではなかった。日本軍は重砲で厚い城壁を破壊し多大な犠牲を払い城内に突入して南京を制圧した。日本軍の戦死者は七百名以上に上った。

【激戦】――新愛知新聞、南正義記者の証言。

「十二月十三日、戦闘部隊とともに中正門から城内に入りました。街路樹のプラタナスに日本兵が二、三人吊されていたので大騒ぎになりました。既に殺されており火あぶりにされていました。……戦後南京に行ったとき、あのプラタナスのあった所に行ってみました。するとそのままありました。ただし当時と比べると大分大きくなっていました。これがあの時のプラタナスだな、と思いました。……市民大虐殺は全く見ていません。遺棄死体はすべて戦闘の遺体です」（『「南京事件」日本人48人の証言』阿羅健一、小学館）

【敵の逃亡と掃討】――城内の敵兵は激しく抵抗したが日本軍の城内突入を見ると先を争い南京城を脱出した。そして敵兵数千人が船などを使い、長江の対岸の浦口に逃げようとした。そこに日本海軍の砲艦が遡ってきた。以下、従軍画家の住谷磐根氏談から引用する。

「砲艦『栂』に乗って南京に近づくと街が燃えており、千五百米位に近づくと船、ジャンク、筏で脱出する多数の敵兵が見えました。そこで栂が砲撃しました。泳いでいる敵兵は小銃で射殺しました。……残酷に見えますがこの時、揚子江を渡って逃

南京陥落、入城

げた敵兵は翌春の徐州作戦で再び日本軍と戦っています。だから敵兵は全滅させなければなりません。そうしなければ日本兵がやられてしまう。そういう戦争の全体が分からないと間違いになります。南京城に行くと城壁に沢山の衣類をつないだ縄がすだれのように下がっていました。敵兵がこれを伝って城外に逃げたのです。興中門から入りましたがあたりには数十の敵の遺棄死体がありました。その後自転車であちこち見て廻りましたが、市民の虐殺など見ていません」（『南京事件」日本人48人の証言』阿羅健一著　小学館から抜粋）

著者注：戦争は「決戦に捕虜なし」というようにスポーツではない。手を挙げても武器を隠し持っているのが普通であり、隙を見て最後まで反撃してくる。それが敵の良い兵士なのだ。阿羅健一氏が言うように、日本人は日本人の言うことを信じてよい。

【投降者の反乱】――南京郊外を守る敵は強力であったが、勇敢な日本軍の攻撃に戦意を喪失し投降を始めた。しかしその数は数百人から千人に上る膨大なものなので、戦闘中の少数の日本軍部隊は処置に困った。投降といっても武器を隠し持っており、一斉蜂起すれば殺されるからである。このため通常、**野戦ではどこの国の軍隊でも管理能力を超えた投降兵は危険なので処刑するのが決まりである。**ナポレオンもエジプト遠征では捕虜のアラブ兵を大量に処刑している。日本軍は数千の投降者を長江の中の島に移送しようとしたが、投降者が反乱を起こしたので機銃掃射して鎮圧した。日本兵も殺されている。これは戦闘行為である。

【安全区の偽装ゲリラ兵】――一部の敵兵は日本軍があらかじめ認めていた非武装の安全区に民間人の衣服を奪って偽装し潜入していた。そこで日本軍は、南京市民の立ち会いの下で検分を行い、髪形、日焼けなどから**偽装したゲリラ兵と判定されるものは重大な国際法違反なので処刑した。これを一般市民の虐殺と誤解している人がいるので注意したい。**この事件の分析では、敵兵、ゲリラ（私服）兵、投降兵、捕虜、一般市民の区別が必要である。

【南京市民三十万人大虐殺のデマ】――陥落当時、日本軍が南京占領後に大量の市民を殺したというデマが西側に流され、現在も日本の歴史教科書などで流されている。しかしこれは以下の基本的な理由で科学的に否定される。

①物証が皆無である。アウシュビッツのような巨大な収容所の遺跡がない。
②南京の戦争避難市民がすぐに市内に戻った。
③占領前の市民の人口は国際機関の調査によると二十万に過ぎなかった。
④日記や現地人の証言は偽造可能であるから証拠にならない。
⑤いわゆる虐殺写真があるが、東中野修道教授の調査によると全部偽物であった。それも当然である。事件自体がなかったからである。

なお、評論家の石平氏によると、北京大学在学中、南京市出身の学友に事件を聞くと、市内に親戚は多かったが日本軍に殺された人はいなかった、と語ったという。

第九章　日本の講和努力

第一節　日本の講和方針

【日本の講和方針】――支那事変の最大の特徴は、日本が紛争の当初から終始、講和工作を模索したことである。日本の戦争目的は当面の逃げ遅れた居留民救出であったから、敵を追い払うとすぐに講和の努力を始めた。日本は蔣介石との本格的な戦争は望んでいなかったので**何の戦争準備もしていなかった。戦後の反日歴史ではこの事実が隠蔽されている。**

一方、蔣介石はスターリンから戦争継続を命じられていたから、何の対案も出さず、講和努力はしなかった。彼が日本との交渉につきあったのは、日本側の手の内を見るためだけであった。ただ、蔣介石は内心は講和を望んでいたと思われる。なぜなら莫大な戦費と国共内戦用の自軍の虎の子の精鋭部隊が日本軍との戦いで失われるからである。これも支那事変の分かり難いところである。

【ミョウヒン工作】――蒋介石は一回だけ講和を提案してきた。それが一九四五年三月の、南京政府の高官ミョウヒンを使ったミョウヒン工作である。ミョウヒンは東京にまで来たが時期が遅すぎたことと、内容が日本軍十万を貸して欲しいという虫の良い提案だったので失敗した。ミョウヒンは戦後、蒋介石によりすぐに処刑された。口封じであったとみられている。

第二節　米国の仲介拒否とトラウトマン工作

【米国の仲介拒否】――日本は米国に講和の調停を依頼した。するとルーズベルトは一九三七年十月五日、日本の要請を拒否し、逆に激しく日本を非難した。これは満洲を独占支配する日本を敵視していたので、日露戦争当時と違い支那事変を歓迎していたのである。

【ヒトラーの講和仲介】――そこで日本はヒトラーに仲介を頼んだ。それが一九三七年十一月の中国駐在のトラウトマン大使工作である。ヒトラーが日本の要請に応えた理由は、近い将来の対ソ攻撃のために東西挟撃を構想していたからであろう。大陸国家の戦略は島国と違い常に挟撃であるから、ヒトラーにとってソ連東部国境の反ソ勢力の存在は戦略上非常に重要であり、日本と蒋介石の内輪もめは望ましくなかったのである。

【スターリンの講和妨害】――汪兆銘の回想録『挙一個例』によると、一九三六年十二月六日、漢口で開かれた**国民党最高国防会議の常務委員会で国民党の最高幹部は日本の講和条件が示されると全員、対日講和に賛成した。**日本の提案はよほどの好条件だったのだろう。しかし蒋介石は黒幕のスターリンの意見を求めた。すると蒋介石に日本軍の即時撤退と原状復旧を求めるべきと指示した。これは不可能であるから蒋介石は講和を拒否した。トラウトマン大使はこれほどの条件はないのに、といって落胆したという。なお**戦争中の講和交渉では本当の条件は公開されない。**公開すると戦闘中の兵士の士気が下がるからである。

【途中講和論】――――日本が支那事変の途中で講和しておけばよかった、という意見がある。しかしスターリンの命令に従う蒋介石にとって支那事変は戦争継続自体が目的であり条件闘争ではなかったから途中講和はあり得なかったのである。

【近衛声明】――――蒋介石の煮え切らない対応をみて、一九三八年一月十六日、**近衛首相は有名な「蒋介石相手にせず」声明を発表した。**これを戦後非難する意見があるが、現在から見ると正しかったことが分かる。蒋介石には支那事変を終結する当事者能力がなかったからだ。

第十章　汪兆銘工作の成功

第一節　汪工作

【汪兆銘の動機】――日本側は必死に講和工作を続けたが、蒋介石側には誠意が見られなかった。そこで日本は蒋介石と並ぶ国民党の有力指導者の汪兆銘を重慶から南京に招聘し、親日政権を作ることを密かに計画した。これは陸軍の影佐大佐らが指揮する汪工作で見事に成功した。影佐大佐は、支那側要人の梅思平を通じて重慶の汪兆銘に連絡を取り、親日南京政府の指導者になって欲しい旨要請した。

汪兆銘

当時、汪兆銘はスターリンの操り人形と化していた蒋介石の戦争指導に不満を持っていたことと、日本軍の占領下の中国国民には中国人の統治者が必要と考えていたので、日本の要請に応え一九三八年十一月十八日、空路重慶を脱出し昆明経由で十一月二十日ハノイに到着した。慌てた蒋介石は刺客を送り宿舎を襲撃させたが、汪兆銘が寝室を変えていたため秘書が誤殺された。日本側は直ちに船を手配して汪兆銘を南京に招き、親日政府の首班とした。これを南京維新国民政府という。これにより蒋介石は長江奥地の重慶の一地方政権になってしまった。

【親日政府の支配勢力】――以下『日中戦争知られざる真実』黄文雄著（光文社）から抜粋。

「日本軍は一九三八年十一月には蒋介石軍をほぼ打倒したという判断で大規模な作戦を終了した。十六ヶ月間で占領地は支那本土の半分、人口の半分（二億人）、労働者の九割、工業生産額は九四％に達した。これに対して重慶側には一千万人もの難民が流入し、戦争継続は無理になっていた。しかし蒋介石はかたくなに講和に反対した。このため汪兆銘が動き出したのである」

黄文雄氏は、汪兆銘工作が日本側の都合だけで行われたのではないことを指摘しているが、これは重要だ。

第二節　支配地の振興

【状況】――日本軍は広大な占領地に比べて圧倒的に少数だったから、点と線以外では敵がはびこり治安を乱していた。そこで汪兆銘政権に行政を任せた結果、治安が回復し、和平地域が順調に拡大し、避難民も戻ってきた。その後、日本がアジアを席巻すると重慶側から多くの兵士が投降したので南京政府の軍隊は急成長した。

こうした状況で**中共軍は毛沢東の持久論に従い、戦後を睨んで積極的に戦わなかった。**共産軍の彭徳懐の交通網を狙った百団攻撃は例外である。

支那派遣軍元参謀の堀江正夫氏によると、日本軍は駐屯する時は町や村の郊外に駐屯し、治安維持を除き住民の伝統的社会生活に関与しなかった。このため住民は治安が改善され歓迎したのである。また時には農家出身の日本兵たちが現地人の農作業を手伝って喜ばれたこともあった。

しかし汪兆銘は一九四三年、名古屋で病死した。

【日本の占領地の産業振興政策の成果】――以下、黄文雄著『日中戦争　知られざる真実』（光文社）から抜粋する。

日本軍は戦地で中国の近代化を行っていた。これは重要な史実だが戦後隠されてきたから知っておきたい。

日本は華北経済圏の開発と管理のために莫大な投資をして国策会社を作った。それは交通、鉄道、水運、自動車輸送網、港湾建設などで中国の近代国家づくりであった。電気通信では一九三八年に華北電電が設立され、石炭事業も復興し一九四二年には記録的な生産量を上げた。

このほか鉄鋼、機械工業、自動車製造、兵器製造など広範な近代的工場が驚く速度で新設された。日本人が現地人に教えたものは、大規模経営、機械化、そして厳正な経理会計などが挙げられる。

しかし、これらの財産は敗戦後ほとんどが蔣介石の一族や関係者に私物化されてしまった。そして現地人だけでは運営ができないので、多くの日本人が残留させられた。

【日本の農業振興】――華北では日本は食糧自給のため農業の増産計画を指導し、事業は順調に発展した。また、綿花の栽培と増産にも力を入れた。鉄道の復旧も行い、華中から華北への食糧供給を再開させた。華中では食糧生産地の上海地域が戦場になったので大打撃を受けていたが、一九四〇年には戦前の水準に回復してきた。ただ、反日勢力のテロ妨害などで関係者は苦労した。

日本は長期的な視野に立ち中国の農業を近代化するため、農協と産業組合を併せた組織を通して、無秩序の農村を組織化することを計画した。これは**その後の戦乱で成果を挙げることはできなかったが、台湾、朝鮮、満洲では成果を上げた。**

黄文雄氏は日本の文化として植林運動に注目している。というのは、植林は長い目で見ないと出来ない事業だからである。しかし中国では根づくことはなかった。中国人が行くところ緑が失われ、日本人が行くところ緑がもたらされたという事実は文明史として研究されるべき、と黄氏は記している。なお現在、武漢大学構内にある桜は戦前駐屯した日本軍が植えたものだという。毛沢東独裁時代の文革の大破壊を奇跡的に免れ毎年美しい花を咲かせている。

【汪兆銘夫人の勇気】――戦後、汪兆銘夫人（陳壁君女史）は蒋介石に捕らえられ、日本の傀儡として告発された。しかし彼女は法廷で次のように主張し、聴衆に感銘を与えたという。「国民党要人は日本軍の侵入に対し民衆を保護せず逃亡した。だから我々は徒手空拳で事態の収拾に当たらなければならなかった。日米戦争がなければ我々は中国を救っていた。我々を日本の傀儡というのなら、国民党は米国と、また共産党はソ連と通謀したではないか。我々の志が間違っていたのではない。単に日本が負けただけだ」

陳女史はその後、中共の上海監獄で一九五九年死去した。

第三節　進退窮まった日本軍

【ゲリラ戦】――戦争は日本軍が中国中央部の漢口、長沙地域を占領すると、大きな地上戦闘はなくなり、日本軍はその後は小規模な討伐戦をしていた。しかし蒋介石は講和に応じなかった。蒋介石は積極的に戦うと損することが分かり、大規模決戦を避け重慶に閉じこもった。毛沢東は戦後の内戦再開に備え自軍に決戦を避け、日本軍につきまとうだけのゲリラ戦を指示していた。そうすれば日本は撤退できずいたずらに国力を蕩尽するからである。
日本軍は撤退が不可能な泥沼に踏み込んでしまった。日本の選択は奥地の重慶の占領か自主撤退しかなくなった。しかし、重慶を占領しても蒋介石が降伏するとは限らない。自主撤退すれば日本国内で内乱になる。ある参謀は、更に日本兵の生命が失われるという兵士の言葉を記憶している。こうして日本軍は大陸に足止めされ進退が極まってしまったのである。しかし、戦争は続いた。

【零戦の大戦果】――日本軍は奥地に逃れた蒋介石に講和圧力を掛けるため重慶を爆撃したが、遠隔地なので護衛戦闘機がつけられず被害を出していた。しかし長距離戦闘機『零戦』が開発されたので、一九四〇年九月十三日、試作機のまま十三機が漢口基地から一千キロも離れた奥地の重慶に進攻した。そして隠れていた敵機をおびき出しソ連製イ十五、イ十六戦闘機計二十七機を全機撃墜した。日本側の被害はなかった。これは世界記録というべき快挙であった。

【従軍作家、林芙美子の日記】――「九月二十九日。長沙近くの九江から貨物船で南京に戻る。寝付かれないのでサイダーを一本もらい船室に降りていった。私は昼間約束した熊本の製材業をしている人にサイダーを持って行った。すっかり衰えてまるで五十歳位の人の顔である。食べ物を吐いてしまうほど弱っていた。
眠っていたが静かに揺り起こした。サイダーを飲みますか？『はあ、もう飲みとうして、あなたこのご恩は一生忘れまっせん……』。震える手でサイダー瓶をつかまえている。私は少しずつ流し込んであげた。私は残った半分のサイダーを左舷の兵隊の所に持って行った。ゴクンと美味しそうに飲んでいる。

また熊本の人の所に戻ると『あなた部隊長が進め云いなさるので一生懸命進みましたばい。そしたら敵は一人もおりまっせんもンなア……』。私はこの譫言《うわごと》を聞きながら涙が流れて仕方がなかった。国を愛する気持ち、この強い兵士の言葉を私は一生忘れないだろう。……兵士はみなぼろぼろの服でまだ夏の服装である」（『北岸部隊』林芙美子、中央公論社）

「前を行く戦友《とも》の軍靴《くつ》より火花散る黙々と今夜襲に向かう」坂本登希夫

「弾は尽きぬ戦友も倒れぬこれまでと喊声《かんせい》振り絞り我等突撃す」橋本三代吉（歩兵上等兵）

「砲艦は手旗打ちつつ行きすぎぬああ清き日本語にて」近藤芳美

【戦地の芸能慰問】――戦争が始まると内地から芸能慰問団が訪問した。お笑いなので荒鷲ならぬ「わらわし隊」と称した。柳家金語楼は軍隊経験があったので彼らの苦労と故国の家族の思いがよく分かっていた。ある兵士から「僕らが元気でいることを伝えてくれよ」と声をかけられ落涙した。天津では一行は朝日支局の世話になり、朝日新聞は「爆撃跡に向かう一行は緊張しながらも得意の洒落やギャグで警備隊員までにっこり笑わせ」と報道している。一行は天津神社では、半年前の七月二十九日の戦闘で戦死した英霊を祀る木柱の前で黙祷を捧げた。

防衛省の戦史によれば、第二十師団は三人（柳家金語楼、花菱アチャコ、千歳家今男）の芸人の慰問を受けたが、兵士たちが交代でやってくるので三人は二日間で三十数回もの舞台を行い、あまりの熱演でついには声が出なくなり鼻血を出したほどであった。ある慰問兵士からは感謝の手紙と自作川柳が届けられた。

「来た、来た。前線の兵隊さんが一番楽しみにしていた爆笑隊がこの華北の石家荘まで進軍（？）してきた。弾痕だらけの会場の民家はわっと集まった兵隊達でいっぱいだ。慰めて頂き厚く御礼申し上げます。三亀松君に到っては神業に近い三味の音を出してくださり涙がこぼれるほど嬉しく思いました」

川柳「北支まで笑はれに来る金語楼」、「三味の音にふと故郷を思い出し」（三亀松）、「むっつりの兵を笑わすアチャ今男」。

しかし河南作戦では、わらわし隊の漫才師たちはトラック三輌で移動中に敵襲をうけ、指揮官以下護衛兵十四名が戦死し、漫才師の愛子も脚部に被弾し出血多量で六時間後に死亡した。（『わらわし隊』の記録』早坂隆、中央公論社）

【現地の医療協力】――『モリトシの兵隊物語』森利・著（青村出版社）から抜粋。

「……河南作戦の末期、衛生兵と鉄道線路からかなり離れた奥地へ行ったことがある。部落を通過すると人々が随いてくる。衛生兵の赤十字マークを知っているからで、彼らは薬が欲しいのである。そこで私は部落民を集め皮膚病が多いので衛生兵に簡単な治療をさせた。すると大繁盛でみな大喜びだ。我々は大歓待をうけ土産物までもらった。その後も数回濃いヨーチンと何種類かの薬品を持参してこの部落に赴いた。これが大好評で以後、日本軍にこぞって協力してくれるようになった」

同様の治療体験談は他の戦記にも記録されている。

【石井給水部隊の活躍】――中共が石井四郎防疫給水部隊を細菌戦部隊などとデマを流したので騙されている人が多いから事実を知っておこう。

一般に大陸の水は日本と違い細菌を含むので生水を飲むことはできない。そこで日本軍は、石井中将の発明した優秀な濾過器をトラックに搭載し中国、東南アジアなど戦地で部隊に給水した。ノモンハンは特に水がなく、ハルハ河付近にはソ連の狙撃兵が待機していたので、水辺に近づけば必ず射殺された。このため給水車は将兵に大変感謝された。

「創重き兵は渇を訴ふるも求めても水のあらぬ曠野に」陣内朽索（軍医中佐）

【自衛用の細菌戦研究】――世界の軍隊は米国を含めて細菌戦の研究はするが、それは防衛用であり、実戦には使わない。なぜなら自軍将兵を損ねる自殺行為になるからである。

二〇二〇年の武漢コロナの伝染では、米国の巨大空母の水兵が感染し、何隻も作戦行動がとれなくなった。この原因は人為的と思われないが、これが生物兵器の威力である。

なお、支那事変では日本軍駐屯地でコレラが流行し多数の日本兵が死亡した。押収した国民党軍の文書に、井戸水を飲むなという注意書きがあったので、日本軍は国民党軍の仕業と推定したという。

ソ連はBC兵器（生物化学兵器）の大国であったから、日本軍に使った可能性がある。

七三一部隊の反日宣伝でよく使われるペスト患者の写真は一九〇五年にロシア統治下のハルピンで発生したもので、元の絵葉書は説明文もロシア語であり、日本は全く関係がない。

第十一章　各国の支那事変戦略

【日本の悲劇】――こうして日本は餓狼の前に丸腰で立つおそるべき状況に追い込まれていくのである。これはスターリンの戦略の結果である。敵国は舌なめずりをして無力の日本の料理にかかろうとした。しかし幸い、**戦後米ソが仲間割れを始めた。その結果、日本は辛うじて助かり今日があるのである。**

もし日本がルーズベルト大統領の死去する前に、早期に降伏していたらどうされていたか分からない。一九四三年、米国国務省のホーンベック極東部長は、経済調査部のウイリアムズの日本を生かして使うという意見に対して、「それは正しいのだろう。しかし純理論的にいえば必ずしもそうでない。日本国家を消滅させることも、我々には十分可能なのである」と述べている。

第一節　ソ連の戦略

【ソ連の第二次大戦と戦後の戦略】――スターリンは対独戦と戦後に備えて支那事変を行った。これにより一九三七年から日本を中国の国共内戦に引きずり込み消耗させた。そして蒋介石に講和を拒否させ、日本軍を大量の戦死者の手前、絶対に自主撤退できないように大陸に足止めしたのである。そしてその上で一九四一年十一月に中国満洲からの即時撤退という不可能な難題を盛り込んだハル・ノートを米国から発出させた。こうして**スターリンは日本を支那事変と対米戦に向かわせることに成功し、ソ連の東部国境を二重に安全にした**のである。

そして日米戦で日本を滅ぼすと、戦後米国とのヤルタ協定を利用して南樺太、千島を奪い、さらに混乱に紛れて北海道の半分（留萌、釧路線以北）まで占領しようとしたが、さすがに米国も気がつき防止した。これは支那事変を発端とした一連の計画的な対日侵略作戦であった。こうしたスターリンの侵略行為は極東だけでなく欧州でも行われ成功した。まさにウェデマイヤー将軍が評したように、スターリンだけが戦後世界を想定して戦争を進めたので第二次大戦唯一の勝利者になったのである。

【ゾルゲの対ソ貢献】――ゾルゲのソ連にとっての功績については誤解があるので、以下に解説する。なお、戦前のドイツ大使館は現在の国会図書館のある場所にあった。よく言われるドイツの攻撃時期の通報説についてはスターリンの通訳ベレズロフによると、スターリンは既にチャーチルからの警報を含む八十通以上の確度の高い警報を受けていたので、ドイツ軍の正確な侵攻日を知っていた。戦後一九四六年スターリンは、**ソ連軍の緒戦の大敗は奇襲によるのではなく「誘い込み戦略」であり**、古代のパルチャがローマのクラッスス軍団を奥地に誘い込み殲滅した史実と、有名なナポレオン戦争におけるクツゾフ将軍のロシア内陸撤退作戦の勝利を参考例として挙げている。（『スターリンII』ドイッチャー著　みすず書房）

【日本軍の南進通報説】――ゾルゲが日本軍の南進を通報したので一九四一年十一月、ソ連がシベリヤの極東軍二十四万をモスクワ正面の防衛戦に送ることができたという説がある。しかしこれは米軍少将が疑問としている。というのはソ連には他に方法がなかった上、支那事変の収拾に苦しむ日本軍が広大なシベリアを北進してソ連を攻撃することは全く考えられないからである。スターリンはあらかじめ反撃用に冬装備を完備したシベリヤ軍団を用意していたのであろう。

【リュシコフ調書の通報】――ゾルゲのソ連にとっての最大の功績は、一九三八年に満洲国に亡命したソ連KGBのリュシコフ大将の、ドイツ軍専門家による尋問調書をドイツ大使館で盗撮しソ連に報告したこととされている。スターリンはこれにより赤軍の全国配置を変更することができた。

【特高とは】――特別高等警察の略で、ソ連の思想宣伝による侵略から国家を防衛する治安部門であった。**同種の組織は当時、米国のFBIを始め西側各国にあった。これらが秘密警察と違うのは法律に従う法治組織であることで、ソ連のような超法規の暴力組織ではなかったことである。この区別が重要である。**戦後、特高はソ連の手先の左翼から散々非難されたが、ソ連が崩壊し左翼の犯罪性が明らかになった現在、特高が正しかったことが分かっている。

【戦後の反省】――占領軍は日本の防諜制度を破壊し、政府は独立後も放置してきた。このため今でも日本では外国スパイの摘発が報道されている。国民は大至急、再軍備して防諜体制を再建することが必要である。

第二節　蒋介石の戦略

【蒋介石の戦意喪失】――日本軍の中国中央部の漢口、長沙攻略後、蒋介石は南京から千四百キロも離れた長江上流の重慶に逃れ、引きこもってしまった。重慶は長江に面した斜面に作られた都市である。ここに蒋介石を支援する米国、ソ連そして蒋介石を監視する中共が代表部を置いた。そこで日本軍は講和圧力をかけるために、危険を冒して長距離空爆を敢行した。しかし蒋介石は対日戦で精鋭部隊を失った上、戦うと損をすることが明らかなので積極的に戦争をしなくなった。蒋介石の軍隊も長年続く動員で厭戦気味になり士気は低下して行った。これが蒋介石の戦後再開した国共内戦の敗北原因につながるのである。

【蒋介石の戦争被害】――蒋介石は結局、西安事件で捕まったため、スターリンの手の上で踊らされ、対日戦により中国統一の五分前という絶好のチャンスを失い、戦後の内戦再開に備えていた百三十万人もの精鋭部隊を失い、挙げ句にやりたくなかった対日戦の莫大な軍事借款費用二億五千万ドルの返済を請求された。まさに踏んだり蹴ったりであった。このため蒋介石はスターリンを異常に恐れ、ルーズベルトが中ソモスクワ会談を提案しても絶対に会おうとしなかったという。一九四五年七月の中ソ会談も代理に息子の蒋経国を送っている。

【アジアの蒋介石評価】――一九四三年十一月、東條首相は東京で大東亜会議を招集した。危険を冒して出席したのは、満洲国の張景恵、中華民国の汪兆銘、タイのワンワイタヤコーン、フィリピンのホセ・ラウエル、ビルマのバー・モウ、インドのチャンドラ・ボースの六か国の代表であった。**日本はこの会議で各国の独立を承認した。欧米植民宗主国はこれを見て腹を立てた。**戦後アジアを再植民地化するつもりであったからである。この時インドのボースは蒋介石を米英ソという白人植民地勢力の傀儡になっていると批判し猛省を促している。これが支那事変の蒋介石に対するアジアの評価であった。

第三節　毛沢東の対日戦略

【毛沢東の持久戦論】――毛沢東はスターリンの指示を受けて一九三六年、西安事件で蒋介石を捕らえて転向させ、日本との戦争に引きずり込むと、その後は延安に引っ込み戦後の国共内戦再開に備えて、長征で疲弊した軍事力の再建を図っていた。彼の戦略は戦争を長引かせ、日本軍を出来るだけ長く中国に貼り付けて日本の国力を消耗させることであった。毛沢東の「七割を党の強化、二割を国民党だまし、一割を抗日に」という方針は有名である。

一九三八年、毛沢東は延安の本拠地で「持久論」の講演を行った。「抗日戦争は長引くほうが共産党に有利になる。もし早く終わると国民党軍が共産党消滅のために向かってくる。日本が敵なのは一時的だが、国民党との敵対は長くなるということを忘れてはならない。日本の大規模侵入があってこそ我党はチャンスを掴み、強大になれるのだ。だから日本軍国主義に感謝すべきだ。現状を見ると、日本、蒋介石、共産党の新しい三国だ。日本の占領地を広くさせるほど愛国行為になる」（『中国がひた隠す毛沢東の真実』北海閑人、草思社から抜粋）

しかし**感謝の部分は現在では日本人が騙されたことに気づくので隠している**という。中共は毛沢東が四十五万人もの日本人青年を殺して作った政権なのだ。

【毛沢東の日本軍評価】――毛沢東は記している。毛沢東『持久戦論』（河出書房）から要約。「日本軍の長所はその武器だけでなく、その将兵の訓練、組織性、不敗の自信、天皇崇敬、傲慢不遜、中国人に対する蔑視などにある。これらの特徴は日本の多年の教育と民族の特質によって作られたものであり、日本軍の捕虜が非常に少ないのはこのためである。日本軍の長所を打ち壊すには政治的に戦い取ることである。すなわち、自尊心を利用して支配者に敵対させることである。……日本軍の失敗は、兵力の逐次投入、攻撃の主方向がない、戦略的共同がない、時機を逸したこと、包囲があっても殲滅（皆殺し）が少ないことの五点である。これらはソ連との対立と国力の限界によるもので解決は出来ない。ただし日本軍はその部隊の戦闘指揮には優れたところがあり我々は日本軍に学ぶべきところがある」

【党内粛清】――毛沢東は共産党員が延安に集結すると、党内の競合者や邪魔な理想主義者などを逮捕し処刑した。張国燾《ちょうこくとう》は中共の創設時からの最高幹部の一人で毛とは別ルートの長征を行ったが、一九三九年延安で毛沢東との権力闘争に敗れて、当初国民党に投降し、その後香港に逃亡しカナダで客死した。王明はソ連直系のモスクワ派なので殺されなかったが、戦後モスクワに追放された。残された両派の共産党員は毛沢東に捕らえられ処刑された。生き埋めにされた者もいたという。

こうした党内の残酷な粛清の事実からも、共産党が近代政党ではなく、恐ろしい秘密結社の運動であることが分かる。なお、毛沢東は運動資金調達のために阿片を栽培し販売していたという。当時の中国では阿片は通貨と同じように扱われていたからである。こうして毛沢東はソ連の作った共産党を乗っ取り自分の私党に変えると、虎視眈々と終戦と国共内戦の再開に備えていたのである。そして一九四五年五月には早くもスターリンの指示を受けて満洲に共産軍を送り込んだ。八月の日本の降伏後にソ連が没収する日本軍の兵器を受領し国共内戦を再開するためである。

第四節　米国の極東政策

【米国の植民地主義】――米国の極東政策方針は一八九九年のジョン・ヘイ長官の「中国門戸開放機会均等宣言」が原則になっている。これは米国の国防とは関係がない八千キロも離れた中国の支配を狙う明らかな植民地主義であったが、第一次大戦が米国を超大国の地位に押し上げたため、この機会均等と勢力均衡政策を柱に三十年代の極東に介入したのである。それがスティムソンの「満洲国不承認宣言」であった。**米国は満洲に固執した。この結果、米外交方針は親ソ、親中、反日となり、対日敵対路線へ向かった。**

【マクマリの警報を無視】――これをみて極東専門家の元外交官のマクマリは、国務省の要請を受けて、日本を滅ぼしてもソ連の南下を招くだけだから米国はむしろ極東から距離を取るようにという提言を行ったが、大統領府は聞き入れなかった。そして逆に**日本の支那事変の仲介要請を拒否し、一九三八年からは総額十五億ドルに上る援蒋を始め、一九四一年からは航空義勇軍まで派遣して介入した。**しかし結果は思うように行かなかった。それは予想外の日本軍の強さ、蒋介石の厭戦と政権の腐敗、そしてさらに独ソ戦が始まるとスターリンの術策にはまり、百十五億ドルという天文学的な軍事援助を供与した上で、最後にヤルタ協定の違約というどんでん返しを食らって満洲を奪われ、戦後中国大陸から追い出されるのである。

【フライング・タイガー作戦】――米国は一九四一年五月頃から空軍部隊を蒋介石軍に派遣し、ビルマルートの援蒋補給路を妨害する日本軍を攻撃した。これは南支那の昆明を基地とするシエンノート指揮下のP40戦闘機百機からなる戦闘部隊で、隊員二百五十名にはパイロットの他、整備兵、米人医師、看護婦までが含まれていた。これは**日米開戦直前の明らかな宣戦布告のない米国の不当な戦闘行為であった。**

【米軍の対中共接触】――蒋介石は重慶に逃亡すると自軍の損害を減らすために日本軍との戦闘を避けるようになった。このため米国は困って中共軍に接触を始めるのである。当時の毛沢東は共産主義者であることを隠して農地改良主義者を偽装しており、ソ連も中共とは関係がないふりをしていた。そして米国務省内にもジョン・サービスのような容共主義者がいた。このため延安で米軍の将軍と共産軍の将校が一緒に撮った写真が残っているのである。

毛沢東と周恩来はワシントンを訪問することまで考えており、その親書がホワイトハウスで戦後、半世紀以上もたってから発見されたという。毛沢東は米国から兵器を供与されれば、日本海側から上陸して日本本土を攻撃する提案まで行っていたという。しかしこの米国の中共援助戦略は蒋介石と共和党の米国大使が反対したので実現しなかった。

【日米開戦事情】――ルーズベルトは一九三七年十月、支那事変の講和仲介を拒否するとその後も対日敵視政策を続け、支那事変の収拾に苦しむ日本を圧迫した。滅ぼすつもりである。さらに**一九四一年には在外資産を凍結没収し、鉄くずと石油の輸出を禁止した。そして十一月にはハル・ノート条項を要求した。**これは裏でスターリンが原案を作った無理難題で、日本を追い詰め挑発し日米戦争を必至とするのが狙いだった。この支那事変関係の要求を見てみよう。（典拠：ウィキペディア情報）。米国は第二項「合衆国政府及日本国政府の採るべき措置」として、以下を要求した。

①日本のチャイナ及び仏印からの全面撤兵。

②日米はアメリカの支援する蒋介石政権（中国国民党重慶政府）以外のいかなる政府も認めない（日本が支援していた汪兆銘政権の否認）。

ルーズベルト

①では「チャイナ」に満洲が含まれるかが問題になるが、

米国は満州国を認めていないので含まれるとみるべきだろう。米国は日本を惑わせるために意図的に曖昧化したと言われる。

【スターリンのハル・ノート大陰謀】――スターリンは一九四一年四月、モスクワで松岡外相を歓迎し「日ソ中立条約」に調印しながら、その裏でKGB工作員のパブロフをワシントンに送り、ソ連スパイの財務省のホワイト財務部長に米国の対日要求原案を口頭で伝えさせた。これがモーゲンソー財務省長官経由でルーズベルト大統領に上申され、最終的にまとめられてハル長官からハル・ノートとして日本に突きつけられたのである。

この内容はソ連案そのままではないが、スターリンは日本には最早、戦争以外の選択がないと見ておおむね満足したという。日本の戦後の歴史本はこうした重大な史実を隠しているので、日本軍の真珠湾反撃が原因不明の突発事件になってしまい、歴史の合理的な因果関係が成立しないのである。（参考『ハル・ノートを書いた男』須藤真志著、文藝春秋社）

【米国の反省】――戦後米国は中国大陸から撤退し、その後、中国大陸はソ連の勢力圏に入った。当時の米国上層部の極東政策の混乱状況は『第二次大戦に勝者なし』（ウェデマイヤー著）が参考になるだろう。この中でウェデマイヤー将軍は、第二次大戦の米国の失敗は現実的で戦うに値する国家目的を有しなかったことであり、この結果アメリカが支払った人的な犠牲や物的な損害から得たものは全く見合わなかったと反省している。支那事変への参戦もその一つであった。

第十二章　日本の敗戦

【海外からの撤収問題】――――敗戦が生み出した日本の最大の問題は海外からの邦人の帰国である。中国大陸には軍人を含めて約三百万人の日本人がいた。これらの人々が内戦の始まった混乱の中国から逃げ帰ることになったのである。**日本人の帰国が実現したのは、米国のウィデマイヤー将軍が米軍の輸送船を手配してくれたおかげである。**蒋介石は内戦対応に追われていたから何もできなかった。

もし日本人が集結地にそのまま放置されていれば、三百万の引き揚げ者は国共内戦の無警察状態に巻き込まれて全滅していただろう。また、もし中共軍の捕虜になっていれば人質として長く対日交渉の道具に使われていただろう。これは米軍のウィデマイヤー将軍に感謝すべきである。

【現地残留者】――――しかし、敗戦と内戦の大混乱でやむなく中国本土、満洲に残留し帰国できなかった多くの同胞や孤児がいたことを忘れてはならない。

第一節　終戦の詔勅

【玉音放送】――――中国駐屯特務機関員、荒木虎雄氏の回想『北支逃避行』（鉱脈社）から。

「……一九四五年八月十五日。この日の中国の開封は暑かった。陛下の玉音放送があるということで集合命令があった。一ヶ月くらい前から敗戦の話が話題になっていた。二世のチャーリーこと皆川伍長がポツダム宣言を受諾した事を米国が放送しているという。三日前から市内各所に日本軍全面降伏の見出しのビラが貼られている。正午きっかりに放送は始まった。陛下のお声は聞こえにくく、雑音もひどく不明の点が多い。それでも『耐えがたきを耐え、忍び難きを忍び』とのお声にやっぱり負けたのだ、という実感が胸に迫り、溢れる涙と嗚咽をどうすることも出来なかった。林特務（情報）機関長から整列の後訓示があった」

「我々北支日本軍将兵は善戦健闘、不敗を誇ってきた。しかし戦闘には勝ちながら戦争には負けたのである。この上は帝国軍人として見苦しくない態度を堅持しなければならない。軍機に関する書類は焼却し証拠を残さないようにしてもらいたい。……終わり。虚脱した心を引き締め、皆が黙々と書類を焼却している。『これからが正念場だ。敗戦国民の男の見せ所だ。性根を据えて頑張ろう。ともかく今日は寝よう』と誰かが言う。トコトコと前を行く赤犬に気付く。オンドロという奇妙な名前の犬で機関で可愛がっていた。妻を昨年の暮れお産で帰国させておいてよかった」

【日本の敗戦と現地の混乱】――日本の大本営から降伏の指令が入ると、中国に駐屯していた日本軍人は驚いた。また、現地人も驚いた。というのは、日本軍は戦闘では九割以上勝利していたからである。支那事変は戦地の日本人にとり実際の戦闘では勝っていたのに、本国が敗戦したので降伏したという奇妙な戦争であった。このため日本の占領地では、現地人はもとの乱暴な軍閥軍や恐ろしい共産軍がやってくることを恐れて、**規律正しい日本軍に残留を嘆願した地域もあった**という。支那事変は八年にわたる戦争であり挿話がたくさんあるがいくつか紹介してみよう。

【国民党将校のお礼】――「戦争末期、私（独立混成八十六旅団大隊長山田書記一）が湘南地域に駐屯していた時、監視兵がたまたま敵の偵察斥候を捕らえた。連れてこられたのは顔に擦り傷のある便衣《べんい》（ゲリラ）姿の二十歳くらいの青年だった。持っていた書類から士官学校卒の少尉と分かった。しかし尋問しても頑として口を割らない。そこで私が処刑するというと、平生無益な殺傷を禁じていたので部下一同は驚いた。男は後ろ手に縛られ脚を投げ出していた。私の日本刀が一閃すると彼は倒れた。しかし峰打ちだった。『よし、目隠しを取れ』といって、引き上げた。そして事務所に捕虜を呼んで、殺すには惜しいから釈放するというと、顔に血の色が戻り手が震えていた。そして軽い食事を与え通過証を渡して立ち去らせた。すると翌日、敵の軍使が白旗を掲げてやって来た。そして副団長の中佐と釈放した青年が火酒四甕と豚を一頭土産に持ってきて礼を言う。部隊は思いがけないご馳走で喜んだ。さらにその翌日、五十人近くの苦力（人夫）が大量の食糧を届けてきた。コメ、野菜、鶏、そして塩までが添えられていた。約三千人の一日分である。それが毎日続くので他の部隊にも分けた。その後一週間で終戦を迎えたが、その後も食料を届けてくれたので皆大変感謝したのである。（『わが第五百十大隊記録』矢崎茂三編から）

【蒋介石の恩は偽善】――蒋介石が日本軍の復員にあたり「恨みに対して恩で報いる」と言った言葉の意味が誤解されている。黄文雄氏によると当時の中国は三国対立状態になっていたので、蒋介石は日本軍が共産軍に武器を渡すことを恐れて日本軍の復員を急がせたのである。中国人は弱みがあると恩着せがましく装うという。偽善である。しかし日本兵の多くは早く帰国したかったから蒋介石の狙いが何であろうと感謝した。

第二節　辻政信大佐の奇跡の脱出

【国民党に飛び込む】――これは陸軍参謀の辻政信大佐の戦後の希有の体験記『潜行三千里』

辻政信

（国書刊行会）からの抜粋である。

辻政信はタイで終戦を迎えたが日本軍の高官であったため、英軍に処刑されること恐れて、敵であった国民党軍の懐に飛び込むことにした。そこで空路、昆明経由で重慶に向かった。国民党軍は国共内戦再開で困っており、昨日までの敵である日本軍将校に意見を求めた。そこで満洲などの軍事資料を作成し協力した。しかし辻から見ると国民党軍上層部は腐敗しており、団結した戦闘意欲が見られなかった。その後、重慶から南京の国民党事務所に移動した。辻は、長江を境に南北で国を分けて北の中共と対抗する大戦略を提案したが採用されなかった。彼が南京で床屋に行くと理髪師は「日本軍がいた時のほうが良かったよ」と語ったという。国民党の賄賂を要求する政治腐敗が市民生活にまで及んできたのだろう。

【中国政権は私的な易姓革命】――――辻が国民党の内部を観察すると、そこには私利私欲しかなく、日本人のような公を奉じる精神はなかった。これは中国の政治運動が政権を私物化する易姓革命だからである。蒋介石の運動も自分が皇帝になろうとしていただけであった。これを見て辻は失望する。

【戦犯の誤解】――――南京に着いてからまもなく戦犯裁判が開かれた。黄文雄氏によると、古来中国では敗者は自動的に犯罪者とされる決まりだ。だから負けたこと自体が罪なのであり、従って**有罪とされても日本的な意味の罪ではないから真に受けてはならない**。民族慣習の違いとして割り切ることだ。

【酒井中将の処刑】――第一は酒井中将の断罪であった。中将は八月の中旬、焦熱地獄の南京の町を引き回され、市民の憎悪にさらされた後、雨花台の刑場に曳かれた。数万の群集が狂号歓呼して鼓掌する中に、頭部を撃たれ、口から血を吐いた大きな写真が街々に張り出された。死に臨んでも中将は「死して日華結合の捨て石となろう」との遺言を残して斃れた。その屍は数日刑場にさらされ、衣服は暴民にはがされ、目玉はカラスのつつくに委ねられた。これは彼が満州事変の講和である塘沽協定の担当者であったため、蔣介石にとり、日本に戦争責任を負わせるのに都合が悪く、口封じをしたものと思われる。谷寿夫中将も同様に銃殺された。中将の「身は雨花台に散るとも魂は必ず故国に帰るであろう」という遺言は冷笑とともに各紙に載せられた。

辞世「子の孫のその子の孫よ千代かけて祖国を守れ心尽くして」酒井隆（陸軍中将）

辞世「天にも地にも我は恥じることなし国民の伸びゆく力我は祈るなり」酒井隆（同右）

辞世「身はたとえ異域の土となるとても魂は還らん君が御側へ」谷寿夫（陸軍中将）

【百人斬り処刑】――これは戦後、蔣介石が戦争中の**毎日新聞の講談ばりの百人斬りの戦意高揚記事を理由に野田毅少佐、向井敏明少佐を捕らえた事件**である。しかし**執筆した浅海記者が**

自分の創作記事であることを証言しなかったために死刑となった。日本刀で敵を倒すには六十センチ以内に接近する必要があるから、ドイツ製の近代兵器で武装した国民党兵士に刀で立ち向かうのは自殺行為である。だからこそ日本軍は四十万人以上も殺されているのだ。

近代史家のA氏は南京事件の調査で多くの関係者にインタビューを申し込んだが、唯ひとり断ってきたのが浅海氏だったという。田中軍吉中佐も山中峯太郎の小説のモデルになったことから、三百人斬りで死刑になった。

三人は一九四七年一月二八日、南京の霜白い雨花台の処刑場で悠々と最後の煙草をふかすと、そろって天皇陛下万歳を唱え銃弾を浴びて死亡した。田中中佐の遺書の結びには「万世の臣　田中軍吉」と記されていた。故人を知る辻政信は彼らしい最期であった、と記している。

「日の本は幻の国　夢の国　懐かしの国　帰れざる国」安藤茂樹（憲兵准尉）法務死

【川島芳子の最期】――――清朝の王族、粛親王の遺児、本名愛新覺羅《あいしんかくら》顯玗《けんし》、日本名川島芳子は北京監獄に収監されていたが、一九四八年三月二十五日の早暁に連行され処刑された。着替えを望んだが許されず、遺書だけが許された。彼女の遺書には、「生まれ変わったら日中両国のために尽くしたい。日本の若い人にもよろしくお伝えください。地下で父上様（養父）のご長寿をお祈りします。さようなら。川島浪速様　芳子より」と記されていた。

彼女は東方を遙かに拝しながら従容として倒れた。新聞には死刑直前のにっこり笑った写真と、血を吐いた写真が並べて掲載された。刑務官はこれほど死を恐れない者を見たことがないと洩らした。北京監獄の女囚百五十名が連名で助命運動をしたことも前代未聞であった。（注）この中国とは中共ではなく、自由中国のことである。

【引き揚げ船】――――中支那の開封に駐屯していた特務機関員、荒木虎雄氏は日本軍の撤収と国共内戦の始まりで混乱が始まった中国大陸を東に進み、青島の南の連雲港で引き揚げ船を待つことにした。『北支逃避行』から要約抜粋。

「昭和二十一年三月、米軍の上陸用舟艇を使った第二次引揚船が入港した。乗船時刻に遅れないように丘を下る。病後の私をかばって荷物は皆が持ってくれる。埠頭には乗船用のタラップがあり中国兵が警備していた。船底に降りて見て驚いた。平べったい船底にぎっしりと日本人難民が詰め込まれている。異様な風景だが、あちこちから明るい笑い声が聞こえる。無理もない。夢に見た祖国に帰れるのだ。あとは一分一秒でも早く出港することを祈るばかりである。引揚船は出港した。

……気がつくと船の揺れが小さくなった。誰かが甲板から陸地が見えるぞ、と叫んでいる。見ると日本の陸地が見えるではないか。確かに日本だ。……佐世保南風港で下船すると米兵がスプレーで頭からＤＤＴ消毒粉薬を掛けた。七年ぶりに日本に帰国したのであった。……列車は一路妻子の待つ宮崎に向かって走っている」

【辻政信の帰国上陸】――辻政信はその後、共産軍の迫る南京から上海に移動した。そして混乱する中国を後に、大学教授に変装して上海から帰国の途についた。

「……十六日、船が上海埠頭を離れた。ウースン港口を通過するとき十六年前の第一次上海事変の戦場を想起した。十二名の部下を失った戦場は昔の面影を残していた。途中寄港した山東半島の青島の埠頭では日本人引き揚げ者の荷物が官憲の略奪でバラバラにされていた。女子供が多く処理できない。そこで屈強なものが声を掛け合い二十名が降りて荷物を積み込んで上げた。助け合う同胞の気持ちに心からの感激を覚える。船が離れるとき、日本語が聞こえた。『中国人にろくなものはいません。日本人がいいですよ』台湾人だ。台湾人から煙草が投げ込まれた。日台友好をみて中国人官憲はよい顔をしていないが煙草を取り上げなかった。

……十日間の船旅が終わって佐世保港に着いた。誰の顔にも感激の涙が溢れている。一時でも早く日本の土が踏みたい。……二十六日の朝、上陸した。私はそっと一握りの土をすくい上げると、においを嗅いだ。六年ぶりの日本の土の香である。国破れたれど山河は残っていた」

なお、辻政信は占領軍から指名手配されていたので、帰国すると友人に密かに匿われた。そして一九五一年、日本再独立後に現れて皆を驚かせ、国会議員にまでなった。しかし一九六一年、議員の身分でラオスに入ったが未帰還となった。僧侶に変装していたので共産軍に疑われ処刑されたといわれている。

第十三章　満洲の悲劇と邦人シベリヤ抑留

【民族の悲劇】――戦後日本では、一九四五年の満洲へのソ連軍の侵略と、現地人の中国人と朝鮮人の暴徒の蜂起による甚大な被害が隠されてきた。**邦人民間人の死者は二十四万人に上る。**これは日本の左翼マスコミがソ連の報道統制に従い国民に報道しなかったからである。ソ連兵の暴行は「大男」の暴行に書き換えられた。しかしソ連の自滅でようやく史実が明らかになってきた。これは旧約聖書にあるユダヤ人のバビロン捕囚以上の大規模な民族の悲劇である。

第一節　ソ連侵略

【米ソモスクワ会談の伏線】――一九四三年スターリンはモスクワ会談で、米国のハル長官に独ソ戦が終わり次第対日戦争を開始する、といってルーズベルトを喜ばせた。そして抜け目なく軍事援助を要請した。この結果、米国は総計百十五億ドルという天文学的な援助を行うのである。しかしこれは戦後スターリンにより踏み倒された。これもスターリンの謀略の勝利であった。

【ヤルタ密約】――一九四五年二月、米英ソはヤルタ会談で戦後世界の勢力配分を決めた。この中で満洲についてはソ連が占領し蔣介石に移管する、その代償に米国はソ連に外モンゴル、帝政ロシアの中国利権、日本の固有領土の奪取などを認め、米国は八十万トンの武器を供与するというものであった。米国の狙いは、ソ連に満洲を代理占領させ蔣介石を傀儡にして間接支配しようと考えていたのであろう。なおこの重大な協定は蔣介石には知らされず、米国が事後了解を得ることになっていた。これは蔣介石軍閥が国際的に独立国とみなされておらず、米ソの傀儡であったことを証明している。

チャーチル、ルーズベルト、スターリン

【勇敢な関東軍】――**関東軍や軍人家族が逃亡したというのは虚偽で、日本人の分裂を狙ったソ連の定番の反日宣伝だから騙されてはならない。**虎頭要塞は玉砕し、一週間で日本軍は五万人が戦死した。北京北方の張家口では根本博中将が率いる駐蒙軍が、侵入してくるソ連の大軍を撃退し日本人難民を帰国させた。千島ではユダヤ人救出で有名な樋口季一郎中将が、上陸してくるソ連軍に大損害を与えて撃退している。しかし日本政府の命令により降伏した日本軍人六十万人はソ連軍に捕らえられシベリヤに輸送され、長期間奴隷として酷使され七万人も殺された。靖国神社には戦闘機に夫人を乗せてソ連戦車に特攻攻撃した陸軍少尉谷藤徹夫命が祀られている。

辞世「大空の御楯となりて天駆けむ永久に守らむ皇御国を」谷藤徹夫（陸軍少尉）

【抑留は関東軍とソ連との協定か】――これはデマである。元ソ連の将軍は、勝者は敗者と交渉することはない、従わなければ処刑するだけだと述べて、関東軍との交渉説を否定している。これが戦争の厳しい現実なのだ。騙されてはならない。

第二節　強制労働

【危険な重労働】――後藤敏雄氏、後京都大学名誉教授の『シベリア・ウクライナ私の捕虜記』（国書刊行会）から抜粋。

「シベリヤの日本人捕虜収容所ではモリブデンとタングステン鉱山の仕事は最も嫌な作業場だった。ここの作業は昼夜三交代で行われた。後半、夜は特に嫌だった。食事抜きの八時間労働である。暗い電灯の下で日本兵が影絵のように黙々と動いていた。働けば疲れ、動かなければ寒さが身にしみた。夜明け前には零下三十度になった。夜明けを迎えると仕事の終わりで無上の喜びを感じた。坑内作業はもっとひどかった。削岩機を使うため粉塵が舞い上がり、それを防ぐにはタオルしかなかった。しかし鼻孔はすぐに粘土を詰めたようになり、結局、口で呼吸せざるを得なかった。帰る時には襟元まで真っ白になっていた。この作業者は帰国後、珪肺症となり苦しんだ。これらの鉱山で働かされた日本人は五万人以上と云われている」

「風寒き霜夜の月を見てぞ思ふ帰らぬ人のいかにあるかと」昭和天皇　御製

【日本軍人との出会い】――――『ラーゲリのフランス人』Ｊ・ロッシ著、恵雅堂出版）

「私（Ｊ・ロッシ、仏人元共産主義者）は一九三七年モスクワでＫＧＢに逮捕され各地の収容所を転々としたが、戦後ソ連中央監獄の日本人檻房に押し込まれた。……房に入ると、二十人位が振り返った。みな私と同じような囚人服を着て痩せていた。しかしこの人達には他の囚人と違うものがあった。彼らのまなざしには品位があった。監獄暮らしの卑しさがなかった。彼らは日本軍人だった。これらの捕虜の間には純粋で真摯なものがあった。この時、私は新鮮な空気がさっと吹き込んだような、晴朗な太陽が昇ったような感じがした。私は近衛文隆氏と英語で会話した。友人になった内村剛介氏（後、露文学者）から夫人の手紙を見せてもらうと一陣の新鮮な空気が監獄の厚い壁を通して自由な世界からやってくるのを感じた」

「母逝くと吾子のつたなき返し文読みて握りて耐えてまた読む」草地貞吾（陸軍大佐）

「妻や子の逝きし便りにぬばたまの夜庭に一人天地《あめつち》も哭け」同右

「吾が帰り待ちわびつつも老ゆ父は遂に逝きしか雁鳴き渡る」同右

【悲惨な日本人抑留者】――以下は前野茂氏の抑留体験記『ソ連獄窓十一年』（講談社）である。同氏は戦前地裁判事、満洲国司法部次長を歴任したが、敗戦でソ連に捕らわれ、一九五六年十一年ぶりに帰国した。

「……護送される途中、収容所に旧友の満洲国外交部次長の下村信貞君が収容されていると聞いていたので、部屋が決まると早速見舞いに訪れた。だが彼の無残な姿を発見した時には、目の前が真っ暗になるような衝撃を受けた。満洲時代の彼は眉目秀麗で精悍な気に満ち溢れていたが、今ベッドの上には、丸刈りにされ骸骨のようにやせ細った男がうつろな目を見開いているだけであった。『わかるか、君』私が手を握るとしばらく私を見つめていたが、うなづき、笑おうとしたようだがそれは号泣に変わった。この友は脳溢血で半身不随になり歩行ができず、言語も不自由なのだ。なんという悲しいめぐりあわせなのだろうか。私は独房に閉じ込められた体験から、自分も同じ運命になる可能性があったことを思い出し慄然とした」

下村信貞氏は満洲国時代、ノモンハン事件など対ソ交渉の責任者であったので、ソ連は口封じのために虐待し死亡させたのであろう。彼の部下であった杉原千畝氏が二年で帰国しているのとは大違いである。

第三節　抑留者の帰国

【抑留者の帰国】――――ソ連は抑留者を二、三年してから帰国させ始めた。ソ連は特にスパイになることに同意したものは早期釈放した。これはドイツやイタリアの捕虜も同じである。

【近衛文隆中尉の毒殺】――――一九五三年にスターリンが死亡すると、米国の圧力でソ連は次第に長期抑留者を帰国させ始めた。近衛文隆砲兵中尉は近衛文麿の長男で、古代藤原氏の子孫である。彼は戦前、米国プリンストン大学のゴルフ部の主将をつとめたほどの人望のあるスポーツマンで、獄中では病弱者に乏しい食物を分けたような人格者であった。しかし、彼は抑留十年、帰国直前に毒殺された。これはスパイになることを拒んだからといわれている。（『プリンス近衛殺人事件』アルハンゲリスキー著、新潮社）

弔近衛文隆「中臣の遠つ御祖の名を負いてしこの御楯と立ちし君はも」松村知勝（陸軍少将）

【興安丸】――――一九五六年、日ソ共同宣言で長期抑留者も刑期前釈放という形で解放されることになった。

「……ハバロフスクに向かう前にソ連は立食パーティーを開いた。長年の虐待のごまかしなのだろう。翌朝、列車はナホトカ港に着いた。見ると日の丸をつけた興安丸が横付けになっている。

本当に帰国できるという実感が私たちの胸を熱くした。簡単な検査があってすぐ乗船だ。隊列を整えてタラップを上がってゆく。『御苦労様でした。お帰りなさい』白衣の看護婦が上がってくる一人一人に挨拶している。日本人の女性なんて本当に何年ぶりだろう。彼女たちの優しい声に、私たちは皆目頭が熱くなった。『ありがとう、ただいま帰りました』皆泣きながら彼女たちの手を握った」（『大陸に春はくるか』後藤孝敏著、市井社）

【帰国者の歌紹介】――以下「日本新聞」野口哲夫作、今立鉄雄編（鏡裏書房）から。

「十年の苦闘の末に残れるはただ一片の誠なりけり」前田忠雄（陸軍中佐）

「ナホトカの湾のも中に入り来し興安丸は夢にあらずや」野口哲夫

「ニッポンの島が見えるぞ早く来よ喚き叫びて甲板を走る」同右

「快く泣けと云うかに祖国《おやくに》の山は招こう緑なす山」同右

「日章旗打ち振り立てて迎え来し人等幾人大声に叫ぶ」同右

【抑留者の遺書分担伝達】――「山本幡男は島根県出身で満鉄から応召した。彼は先の見えない収容所生活の絶望感から、ともすると荒みがちになる同胞を元気づけるために、収容所内で万葉集を講じ俳句の会を主催し文化活動に努めた。しかし重病に罹り死を覚悟した。そこで**彼は家族への遺言を同僚に分担して記憶してもらった。その後同僚は帰国すると、次々に遺族のもとを訪れ、頼まれていた遺言の自分の分担分を遺族に伝えた。**こうして遺言は完成した。（『収容所

から来た遺書』辺見じゅん著、文藝春秋社）

【遺児への遺言】――――以下『大陸に春はくるか』後藤孝敏著（市井社）から抜粋。

「私は軍隊で山本氏と知り合い収容所で子息等への遺言を頼まれた。……冒頭は以下の通りであった『敬愛する佐藤先輩始め、この収容所において親しき交わりを得たる人々よ、この遺書は一字一句も洩らさざるように貴下の心肝に銘じ給え、必ずこの遺書を私の家族に伝え給え』そこで私たちは山本さんの血を吐く思いで託された遺言を帰国の上は間違いなくご家族に伝えようと誓った。とくに子供さんへの言葉は日本の若人に送る言葉として記しておきたい」

【子らへの遺言】――――「君たち（四人）に会えずに死ぬることが一番悲しい。幼かった日の姿が夢に多く現れた。ああ何という可愛い子供の時代。君たちを幸福にするために一日も早く帰国したいと思っていたが、とうとう永久に別れねばならなくなったことは残念だ。君たちはこれから人生の荒波と戦って生きてゆくのだが、どんなにつらい日があろうとも光輝ある日本民族の一人として生まれたことを感謝することを忘れてはならない。また真面目な自由、博愛、幸福、正義の道を進んでくれ。最後に勝つ者は道義であり真心である。人の世話にならず、人への世話を進んでせよ。強くなれ。自覚ある立派な人間になれ。君らが立派に成長してゆくであろう事を思いつつ私は満足して死んでゆく。どうか健康に幸福に長生きしておくれ。一九五四年七月二日」

遺詠「韃靼《だったん》の野には咲かざる言の葉の花咲けりアムール句会」山本幡男（満鉄）

第十四章　日本の戦後

【先人の努力】――――現代の日本人は豊かな生活を享受しているが、これは自然にあたえられたものではない。敗戦の廃墟から立ち上がり必死に働いてきた祖父母を含む全日本人のおかげである。その間に国際情勢が激変し、日本は幸運に恵まれたところもある。しかし国軍がなく未完の独立状態にあるから、早く独立を取り戻さなければならない。

今回の武漢ウイルスの対応で日本は国家の制度、理念が危機に対応できず、現実とずれていることが分かった。すぐに正常化に取りかからなければならない。

第一節　国内状況

【戦後の廃墟】――日本は米国の爆撃で主要都市は廃墟となった。二百三十万人もの働き手が戦争で失われたところに、海外から大量の国民が帰還した。これに対して占領国の米国は当初、ポーリー報告書により**日本をアジアの最貧国にするために、せっかく焼け残った産業機械を撤去した**ので、戦後の都市住民は生存の危機にさらされ、餓死者一千万人が予想された。山口判事は法律を守り闇米を食べずに餓死した。このため都市住民は焼け残った衣類を農村で食糧に交換するなどして生き延びようとした。

【昭和天皇の激励のご教示】――昭和天皇は昭和二十一年春、御製を読まれ国民に臥薪嘗胆を教示された。これは我慢して日本精神を守り、復興の時を待てという意味である。

御製「降り積もる深雪に耐えて色変えぬ松ぞ雄々しき人もかくあれ」

第二節　国際状況

【アジアの支援】――日本は敗戦したが、この大戦により独立を果したアジア各国は日本に好意的である。インド独立工作の責任者F機関の藤原岩市少佐は戦後、英軍に逮捕され、英国のインド支配の拠点レッドフォート（赤い城）で裁判を受けた。少佐は死刑を覚悟したが、英国に対するインド側の強い圧力で釈放された。インド側の弁護士デサイ博士は藤原少佐を元気づけて「どんな国の歴史にも勝敗はある。日本は必ず復興する。インドは必ず支援する」と力強く慰めた。現在もインドは地政学的に日本と共通の敵を持つ、間違いのない友好国である。

【国際環境の好転】――米国は第二次大戦の戦略を誤り、ソ連を強大化させてしまった。このため**一九四九年の中国の共産化に続いて朝鮮戦争が始まると、占領直後の日本破壊方針は米国にとって都合が悪いものになった。**そこで方針を百八十度転換し、日本に食糧支援を始め米国市場を開放し、吉田茂首相に再軍備を要請した。しかし吉田は新日本軍が朝鮮戦争に投入されることを恐れて、憲法規定、経済復興問題などを理由に詭弁を弄して断った。

米国のマッカーサー記念館には吉田をオッドマン（奇人、変人）と記してあるという。これは吉田が米国の自由にならなかったからであろう。この事情を知らない人は吉田首相が再軍備をしなかったと批判するが誤解である。吉田茂は晩年には再軍備と核自衛を主張している。だから再軍備は現代の我々の責任である。

第三節　日本再独立

米国の対日方針の転換により日本は一九五一年、サンフランシスコ講和条約を締結し、幸運にも敗戦後六年で再独立を果たした。その後、米国市場の開放もあり急速に復興して今日、世界有数の経済大国となっている。しかし再軍備が出来ていないので未完の独立状態である。

「風さゆるみ冬は過ぎてまちにまちし八重桜咲く春となりけり」昭和天皇御製

「国の春と今こそはなれ霜こほる冬にたえこし民のちからに」昭和天皇御製

第十五章　支那事変のまとめ

第一節　日本人の反省

【現代から見る日本の被害】――膨大な戦死者を思うと、ただただ勿体ない、の一言である。日本はスターリンの避雷針戦略により国土防衛とはまったく関係のない他国の内戦に誘い込まれ膨大な人命、物、金を失った。実に惜しまれる。**支那事変の日本人の戦死者は四十五万人**、蔣介石側の戦死者は国民党の調査によると百三十五万人に上るという。中共が宣伝する中国人の死者が数千万というのは意味不明である。ソ連も独ソ戦の犠牲者を二千五百万といっているが根拠はない。なお、中共は戦後の国民粛清で八千万人も殺しているという。

【大局観と指導力の欠落】――経過を見ると日本は大局観と決断力がなく、緒戦の挑発に反撃して大被害を出し、あとは指導部の正当化のためにずるずると泥沼の戦争に引きずり込まれて行ったように見える。そして最後には、なぜ中国で戦争をしているのか分からなくなってしまった。参謀本部の河辺虎四郎大佐は、強い指導者がいなかったと述べている。これには二・二六事件で国家的危機を経験したことのある元老が失われていたこともあるだろう。しかし過去を嘆いてばかりではいけない。

【思想的な正しさ】――これは戦前の日本は自由主義、米国は植民地主義だから、日本は戦争では敗北したが正しかった。自信を持とう。その証拠に戦後米国は冷戦で対日政策の誤りに気づくと、急速に対日方針を転換した。すなわち東京裁判法廷を解散し、吉田首相に再軍備を要請している。**マッカーサーは日本断罪を撤回し、日本の戦争は自衛であったと米議会で証言している。**そして一九五三年にはニクソン副大統領が憲法九条は誤りと陳謝しているのだ。戦後日本をあれほど非難し断罪したソ連は一九九一年に自滅し、その悪の歴史が世界に公開され否定された。しかし現代の日本はまだ歴史観が国際政治の現実に追いついていないのではないか。

【米国の反省】――米国の有名な国際政治学者のG・ケナンは『アメリカ外交50年』（岩波書店）の中で次のように記している。

「戦前、日本を敵視し中国人に肩入れする米国の極東政策を疑問視した米国人がいた。それは元外交官の極東専門家マクマリ氏である。彼は『米国が日本を滅ぼしてもロシアに甘い汁を吸われるだけで、山ほどの難問を作るだけである。中国人は感謝せずに米国に文句をつけてくるだろう』

と述べた。全くその通りになってしまった。米国はかって日本が直面し担ってきた（極東の難しい）問題と責任を自ら背負い込む羽目になり今、苦しんでいる。意地の悪い天の配剤である」

【終わっていない】――――支那事変は今なお中共の反日攻撃の材料になっている。また現代ロシアの対独戦勝記念日への招待工作に使われている。しかしあれほどの被害を出した支那事変がロシアの避雷針作戦であり、今も抑留され虐待されて殺された日本人の遺骨が多数シベリヤの大地に眠っていることを知れば、総理大臣がロシアの戦勝記念日に出かけていくことなど到底ありえないことが分かる。ロシアからも日本軍の犠牲のおかげで対独戦に勝利できましたと感謝される。

第二節　英霊顕彰と慰霊

【靖国参拝】――――国民は支那事変の真実を理解したら、英霊を顕彰しお祀りすることが必要である。日本軍人は実に立派だった。世界一であった。あの名古屋第三師団英霊の石像は特別の施設に収容し、民族の愛国心の象徴として子孫に長く守り伝えるべきである。

靖国神社参拝は全日本国民の義務であるから、外国の干渉を受け入れてはならない。また、**外国の慰霊施設同様、武装衛兵を配置して大切にお守りすべきである。**

「靖国の宮井の奥の大鏡映すや戦友の若き面影」草地貞吾（陸軍大佐）
「かくほどに醜き国になりたれば捧げし人の今ぞ惜しまる」戦争未亡人

続いて、日本が撤退した後の中国はどうなったのか。支那派遣軍のウェデマイヤー将軍は『第二次大戦に勝者なし』（講談社）の中で、「米国は今度の戦争を、フットボールのゲームのように戦った。つまり戦争が終われば立ち去ってしまうように考えていた。しかし動員を解除して立ち去れば現地に悲惨な結果を生むことを考えなかった」と語っている。

毛沢東の作った中共国家の正体とは何なのか。戦後から現代にいたる謎に満ちた中共近代史を概説する。

第十六章　第二次国共内戦と中共勝利の謎

【戦後の経過】――一九四五年、日本軍が敗戦すると、大陸には米国と蔣介石、ソ連と毛沢東の二大勢力が残った。すると両勢力はそれまで日本と敵対していたのに協力するどころか第二次国共内戦を再開した。しかし**米国が蔣介石支援を止めて撤退してしまったので、毛沢東が蔣介石を台湾に追放し中国を統一した。**この展開はそれまでまったくの弱小勢力であった中共にとり毛沢東を含め誰一人予想もしていなかった棚ボタであった。そして最終的に毛沢東がソ連の傀儡支配から脱し、自分を最高指導者とする毛政権を作ったのである。

第一節　中共勝利の原因

【中共勝利の原因】――――戦前を含めると以下が挙げられる。
①蒋介石の逮捕と転向。一九三六年十二月の西安事件である。
②日本軍の誘い込み。一九三七年八月の支那事変で日本軍の奥地誘導に成功した。
③ソ連と米国がそれぞれの思惑で蒋介石に莫大な軍事援助を与えた。
④戦後、米国が中国大陸から撤退した。
最終的には④が最大である。というのは当時の米国は戦後の中国の帰趨を決めることが出来る唯一の超大国であったからである。その撤退の理由はおそらく、劣勢だったトルーマンの大統領再選工作のためと思われる。大統領選挙に海外派兵は禁物だからだ。米国民は長い戦争に飽き飽きしており、戦地からの息子や夫、恋人の帰国を強く望み、国会議員も政府に早期復員を主張した。

【マーシャル調停の経緯】――――一九四五年、日本が降伏すると満洲で第二次国共内戦が始まった。そこで米国は十二月にマーシャル元帥を特使として中国に派遣した。支那派遣軍総司令官のウェデマイヤー将軍はマーシャルを迎えると、戦後の国共内戦を世界最大の冷戦の危機と見て、満洲の国際管理と支那本土の蒋介石支配を提案したが、なぜか採用されなかった。そしてマーシャルは戦闘を再開した国共首脳に第三次国共合作を強引に締結させて帰国した。そして蒋介石の手を縛り反撃を許さず軍事援助を止めた。これは**実質上、戦後の中国をソ連と毛沢東に任せることを意味した。**

果たして翌一九四六年四月、**共産側は停戦協定を破り内戦を再開した。**驚いた米国は再度マーシャルを中国に派遣したがすでに手遅れであった。こうして満洲から始まった国共内戦は万里の長城、黄河そして長江を越えて全土に及び、ついに広東に**追い詰められた蒋介石は一九四九年、台湾に脱出したのである。**

【中国が失われた】――同年、米国が中国から撤退すると米国では官民挙げて、中国が失われたと大騒ぎになった。それは米国が戦前から蒋介石を物心両面で支援してきたから当然である。そこでトルーマンは一九五一年「中国白書」を発表し、蒋介石の敗北の責任は国民党の腐敗のせいである、として米国の責任を回避した。

【蒋介石の日本人への忠告】――戦後、蒋介石は台湾で日本人顧問に対して、米国の自己中心性と不安定性について忠告し次のように述べた。

「**米国という国は、何事も自国の利益だけを基礎として考える国である。**米国が友人ということは米国の利益になるからであり、そのほかの理由はない。だから**一旦その利益が失われたならば、**

何ら躊躇することなく敵側に立つことを少しも不思議と思わぬ国である。私の苦い経験に徴しても今日の友は明日の敵であり、その敵もいつまでも敵であるとは限らない。警戒をおろそかにしてはならない国である」（『私の接した蔣介石』抜粋要約。立山和夫著　昭和史研究所会報一二〇号）

これは未だに自衛せず、日米安保に半世紀以上も全面依存する現代日本人への重要な警告でもある。

【朝鮮戦争の勃発】――しかし冷戦の深化はトルーマン大統領の過ちを許さず、米軍が大陸から撤退すると**スターリンは翌一九五〇年、金日成を使って南鮮侵略の朝鮮戦争を起こした。**その狙いは米国の関心をソ連支配の進む欧州からアジアにそらせるためだったという。このためトルーマンは再び朝鮮半島に米軍を送らざるを得なくなり、最終的に五万人もの米軍戦死傷者を出すのである。米国が五年前に蔣介石を支援して中国本土の共産化を防いでいれば朝鮮戦争は起こらなかっただろう。**この時の米国の国共内戦処理の大失敗がその後の中共の強大化を招き、今日の北朝鮮問題など極東の不安定化の原因になっているのである。**

【米国が中共を作った】――このため一九五一年、マッカーシー上院議員はウェデマイヤー将軍の戦後処理方針の先見性を高く評価し、マーシャル元帥の国共調停方針の失敗を取り上げ、中共政権は米国が作ったのと同然とトルーマン外交を非難したのである。（『共産中国はアメリカ

が作った』マッカーシー著、成甲書房）
なお、マッカーサー元帥は米国の中国からの撤退を見て「中国の喪失と共産化は、米国太平洋政策百年の最大の失敗であった」と総括した。

第二節　中共の時代区分と対日敵対性

【時代区分】――日本人には中共の歴史はわかりにくい。それは政治自体の異常な激変性と秘密主義、そして情報が隠蔽偽造されてきたからである。これは今も変わらないが、現在は情報が不十分ながら公開されるようになってきた。そこで本稿では、中共の戦後史を権力の変遷により以下のように四期に分けその内容と特徴的な史実を紹介し、最後に現代中共の抱えている諸問題と日本の対応を解説する。

①毛沢東独裁から毛の失権までを毛沢東第一革命期（一九四九年から一九五九年）
　一九五九年から一九六六年までは、毛沢東と劉少奇《りゅうしょうき》の二頭統治時代である。
②毛沢東の文革による奪権と死亡までを毛沢東第二革命期（一九六六年から一九七六年）
③鄧小平《とうしょうへい》の資本主義革命の第三期（一九七六年から二〇一三年）
④習近平独裁の第四期（二〇一三年から現在）

【中共の正体誤解】――日本人は今、中共から内外で様々な攻撃を受け対応に苦しんでいるがその根本原因は、日本人が現代の中共を誤解しているためである。そこで成立の歴史的経過と戦後の政治からその正体を知っておきたい。

【中共の敵対性とは】――**地政学は、隣国は敵と規定しているから、中朝露は日本の敵であり、相手も同様でこれは時代を超えて不変である。**だから日本が日本の独立を維持するためには対抗できる効果的な国防力を持つしかない。これは軍事科学の発展した現代では日本にとって十分可能であるから急がなければならない。

第十七章　毛沢東第一革命期

第一節　中共の建国

宣言する毛沢東

【中共建国宣言と李医師（後侍医）の感激】――一九四九年十月一日、毛沢東は北京天安門上に立ち建国を宣言した。李チスイ医師は新中国建設の呼びかけに応じて豪州から参加し、天安門広場の最前列にいたがその時の感激を次のように記している。

「十時きっかりに毛沢東以下、首脳が姿を現した。この時毛沢東は五十六歳、背が高くいかにも健康そうでどっしりしていた。声は力強く身振りはメリハリがきいていた。毛は褐色の中山服に労働者帽をかぶっていた。毛沢東には蒋介石にない魅力があった。

蒋介石はいつもよそよそしく周囲に追従をもとめていた。私は嬉しくて心臓が飛び出しそうになった。涙がこみ上げてきた」(『毛沢東の私生活』李チスイ著、文藝春秋社)から抜粋。

【暗い印象】――――しかし、この場面を天安門広場の後方から見ていた日本人少年がいた。彼は満洲の敗戦の混乱の中で共産軍に拾われて、働きながら付いてきたのだ。彼が遠目でみた毛沢東の印象は、暗かったという。毛沢東はすでに二十年以上にわたり共産軍占領地で住民を虐殺し、党内の反対派の共産党員の大粛清をしてきた。そうした恐ろしい過去が暗い感じになって現れていたのかもしれない。実際このあと中国全土は歴史的な地獄に変わるのである。

【第一革命の内容】――――毛沢東は一九四九年、内戦に勝利すると実質皇帝として君臨し、国民を恐怖で支配し、財産を没収し国家を私物化した。そして一九五三年、スターリンが死亡すると毛沢東は共産主義世界の指導権をフルシチョフと争い、途方もない国家発展計画をぶち上げて強行した。しかしその結果は四千万人ともいわれる想像を絶する餓死者を出してしまい、やむなく自己批判し十年後の一九五九年、国家主席を辞任した。

しかし党主席職は維持したので文革発動までは劉少奇との二頭統治となった。劉少奇は鄧小平と協力して、毛沢東の起こした大躍進政策の大失政の収拾を図った。毛沢東はこれを自分の尻ぬぐいとして横目で見ていたが、次第に自分の権力を奪われるのではないかと疑い始め、奪権を図ることにしたのである。それが文革で偽装した第二革命の原因になるのである。

第二節　毛沢東の生い立ちと学生時代の予言

【毛沢東の生地】――香港の著名ジャーナリスト周鯨文は日本、欧米で学んだ体験のある自由主義者で、戦後中共の民主化工作で政権に招かれ統治の内部を見た。彼は一九五五年、湖南省視察の際、党に案内されて湖南省の毛沢東の生地を訪ねた。

「一帯は小山のある水田地帯で農家が散在している。毛沢東の生家は招待所から少し行った小高い丘の下にあった。小さな中二階のある泥壁の田舎家で、五、六間と家畜小屋、穀物倉庫、精米場そして池があった。決して貧農ではない。

毛沢東は一八九三年生まれで十四歳位まで家の仕事をしていたという。彼の家族写真を見ると母親似である。父親は削ったような痩せた小さな顔をしていた。彼は長沙の第一師範学校在学中に共産主義運動に関心を持ち、中国共産党が設立されると早い段階で参加した。彼は野心家であったから、動乱の時代にこの運動を利用して地域の軍閥の長になろうとしたのではないか」

【毛沢東の予言】――若い頃の毛沢東が無銭旅行をして観相をしてもらった興味深い話があるので紹介しよう。一九一七年の夏、師範学校の学生の毛沢東は、上級生だった当時中学教師のシャオ・ユーと二人で湖南地方を無銭旅行した。シャオ・ユーがこの時の記録『毛沢東の青春』

（サイマル出版会）を残しているので引用する。

「毛沢東と私は、古来英雄や大盗賊の産地として天下に知られた湖南省に生まれた。ここは風光明媚で古代の戦国時代に屈原が自殺した汨羅河がある。省都の長沙から長江を船で二時間ほど遡った所に湘潭という県がある。その中を四、五十キロ進むと銀田市という丘陵地帯がありそこに韶山という渓谷がある。私の故郷（シャオ・ユーの家は旧家の豪農であった）はこのあたりで毛沢東も一八九三年ここに生まれた。毛沢東の家は農家であったが父親は仕事に熱心で米の商売まで始めていた。

毛沢東は本好きで中国の古典を読みふけって少年時代を過ごし、後に長沙第一師範学校に入学した。ここで我々は知り合ったのである。毛沢東の印象は背が高いことで、容貌は普通で典型的な中国人の顔だ。立ち居振る舞いは悠長で、話し方も弁舌さわやかではなかった。彼の作文はよく張り出されていたが、英語や数学はさっぱりで図画は丸ぐらいしか描けなかった。しかし当時は作文が大事だったので彼は優秀な学生で通っていた。

……ある夏の日、いつものように教員宿舎に毛沢東がやってきた。「夏休みはもうすぐだけどどうしますか」。そこで私が「無銭旅行をしてみようと思う」というと、毛沢東は「興味があるな、僕も連れて行ってくれませんか」という。「いいよ」

……（二人は長沙周辺の各地を巡り農民や商人、知事、有名な高僧などいろいろな人に会い食事を恵んでもらい珍しい体験をする）我々は旅も終わりに近づいたのでいよいよ長沙に戻ることにして、玩河沿いの街道を四、五日歩いていた。そして道端の宿屋で夕食をとり一晩泊ることにした。宿の奥から出てきたのは若い美しい女主人で、我々が乞食旅行をしているというと、面白がって「嘘でしょう」という。そこで「何故ですか」と聞くと、一瞬私たちをみて、「貴方がたには偉人の相があるからです」と答えた。そして観相は父から教わりましたという。

そこで毛沢東が「では僕たちの人相を見てくれませんか？」「ええ、でも私が何を言っても怒らないでくださいよ。じゃ、まずお名前は？」「僕は毛です」「毛ですって、貴方の名前はよくありません。太平天国の洪秀全も長毛といったし」。毛は気味悪そうに聞いた。「僕の名前と人相とどんな関係があるんですか？」「人相を拝見すると、毛さんは偉い役人、例えば総理大臣か、さもなければ大盗賊になる相があるんです。お名前から察すると、毛さんはきっと袁世凱（大軍閥の頭目）のような人になるでしょう。とても勇気がおありで、大きな志を持っていらっしゃる。しかし情けに欠けるところがあるようです。眉一つ動かさずに一万人でも十万人でも殺せる相です。しかしまた大変辛抱強いお方です。もし三十五歳までに殺されるようなことがなければ、五十歳までは絶対安全ですし運が向いていくでしょう。五十五歳を過ぎるともっと恵まれてきます。奥さんは六人持つでしょうが、お子さんは少ないでしょう。それから家族とは一緒に住めない運命です。故郷の町にも住めませんし、自分の家というものを生涯お持ちにならないのではないかしら……」

私たちはあまり気にもせず、面白半分に彼女のいうことを聞いていた。翌朝、彼女はどうしても宿代を受け取らなかった。そこで私が、「将来、毛沢東が大臣か大盗賊になったら貴女を顧問に招きますからね」というと彼女は大笑いして、「でも毛さんは薄情ですからね、その頃には私のことなんかすっかり忘れていらっしゃるでしょうよ」と返した。彼女の名は胡玉英といった。美しい人だった。今でも憶えている。……我々は長沙に着くと小西門で写真を撮ってもらった。二人とも坊主頭でボロボロの詰襟とわらじ履きの姿で全く愉快だった。私はこの写真を家に大事にしまっていたがその後の内乱で焼かれて失ってしまったのは返す返すも残念だった」（『毛沢東の青春』シャオ・ユー著、サイマル出版会）

第三節　政治活動

【毛沢東の志】――――周鯨文の『風暴十年』（時事通信社）から以下引用してみよう。

「毛沢東の歴史を一貫しているのは忍耐と残忍さである。友人の家に毛沢東の書が掛けてあった。それは有名な杜牧の項羽の廟に題した『勝敗は兵家の事之あり、辱を忍び羞を包むこれ男児、江東子弟俊多し、捲土重来未だ知るべからず』であった。これを見て私は毛沢東の心情を理解した。

まさに忍辱含羞は彼の前半生であった。彼は共産党に入り北京まで行ったが、抜擢されず湖南省に戻って長沙の責任者という下っ端の仕事で我慢した。その後も長い間、党内で苦労した。しかし最後に、長征の混乱に乗じて党中央を乗っ取り、党内で競合する者を次々に処刑し、全中国の独裁者になった。まさに捲土重来とは彼の後半生であった」

【恐ろしい陰柔性】――「毛沢東は外見は田舎者で話し方はぐずぐずしており、はっきりしない。いつも微笑を浮かべている。しかし本心は違っている。これは外見で油断させ、内心の害意を隠すことである。実際このように本質が陰険なのに外見が柔和な人間が一番恐ろしいのである。**スターリンを魔神とすれば毛沢東は妖婆である**」

【残虐性】――「毛沢東はへつらうことは上手だが、他者に対する思いやりがない。性格は狡猾、冷酷、残忍であった。乱を好み人が死ぬことなど何とも思わない。**友達がいないことはソ連の独裁者スターリンと同じであった**」

【戦略性】――「毛沢東は不利な時には一歩後退する。時間稼ぎだ。それが統一戦線工作、蒋介石との直接会談、マーシャルの停戦交渉への参加である。こうした戦術はマルクス・レーニン主義の闘争論にあるが、中国ではあくまでも毛沢東の性格と結びついて成功したといえる。毛沢東は慎重で気が長い。独裁後の闘争でも、まず火をつけ、しばらく観察する。それからどうするか決めるのである。百花斉放・百家争鳴運動でも、誰もそのスローガンの真意が分からなかった。そこであれこれ発言すると、毛沢東はそれを注意深く注視し、そして突然、大弾圧を始めるのである。彼は感情に溺れて自分が受け身の立場に陥ることはしない。権謀術数の達人である」

【傲慢性】――侍医の李医師によると、毛沢東は部下を役に立つか否かだけで登用し、人柄は問題にしなかった。その代わり役に立たなくなると弊履のように捨てて情け容赦なく追い出した。フルシチョフによると、毛沢東はスターリン同様、彼の同志を同格とは認めず、最高幹部でもまるで家来同様に考えていたという。そしてフルシチョフに劉少奇、周恩来、朱徳のような最高幹部でも具体的な事例を挙げて批判した。唯一人、毛沢東が認めていたのは鄧小平であった。毛は「彼の将来は洋々としています」と述べたという。これは鄧小平が部下の中でも子飼いであり、一緒に党内でモスクワ派の指導部に批判されたことがあったからだろう。これは後の文革で毛沢東が鄧小平だけを殺さなかった事実と付合する。周恩来はあれほど毛沢東に仕えたが戦前に対立したことがあり毛沢東は最終的には膀胱ガンの手術を妨害し残酷な死を与えた。

【知識人嫌い】――毛は師範学校の教育しか受けていないので科学的な知識はなかった。それなのに尊大で知識人を嫌った。劣等感があったのだろう。これが結局、**後年の非常識な大躍進政策の暴走につながった**のである。これは独裁者スターリンが分からないことがあるとその都度、専門家を呼んで説明を受けていたのと大きく違うところである。

【国際体験なし】――毛沢東は外国文化を知らず、戦後ソ連を訪問した以外、国際体験を持っていない。第一次大戦後フランスでは戦死による人手不足を補うため、中国で労働学生を募集した。周恩来や鄧小平は参加したが、毛沢東は行かず地元の長沙で左翼活動をしていた。

【癇癪持ち】――毛沢東は腹を立てると突然、爆発したように相手に悪罵を浴びせて圧倒した。侍医の李医師は幹部の未亡人から毛沢東のこの危険な癖に十分用心するように注意を受けていたので危機を未然に防ぐことができたという。この恐ろしい癇癖はフルシチョフも記しているからロシア人の前でも爆発させたのであろう。

【被害妄想】――侍医の李医師によると、**毛沢東にはパラノイアがあった。**プールに毒が入っているとか、地方の迎賓館の天井に誰かが潜んでいるなどと言い張り、護衛がいくら安全だと言っても聞かず、深夜でも移動を命じることがあった。これは余りに多くの人を殺してきたためであろう。演劇でも幽霊が出る演目は禁止したという。ソ連のスターリンも被害妄想でカーテンを嫌ったという。

【女癖】――毛沢東は江青を夫人としていたが、若い美女に目がなく、秘書に探させ身辺に服務員としておく他その都度、金を払っていたという。後宮百人という皇帝の生活である。（『毛沢東の私生活』李チスイ著）

【衰弱】――李医師によると晩年の毛沢東は、体力は低下したが頭脳は衰えていなかった。しかし七一年の後継者、林彪のモンゴル逃亡事件の後からは、病気がちでふさぎ込むことが多くなったという。これはさしもの毛沢東も自分の事業の失敗と死神の到来を予感するようになったからであろう。

【スローガン作り】――毛沢東の運動スローガンは巧みである。フルシチョフも、中国人はスローガン作りがうまいと述べている。しかしその目的は内容のごまかしであり、運動の恐ろしい目的を隠しているのである。このため共産党の幹部でさえ意味不明の百花斉放・百家争鳴や文化大革命のスローガンに騙され滅ぼされたのである。

第四節　共産党幹部

【野卑】――共産党幹部は殆どが極貧の生まれで無教育である。そして多くは農村の食い詰め者ややくざや盗賊上がりで、運動中も戦闘第一で、西欧の近代政治思想など全く理解していなかった。このため毛沢東の侍医の李医師は、彼らの野卑な振る舞いを見て好感を持てなかったと記している。

【鬼心】――彼らは内戦中から「目的が手段を正当化する」という共産党の詭弁を使ってあらゆる無法、暴力、拷問、無制限の大量殺人を行ってきた。このためそれが習性となり保身のためには人命をなんとも思わない冷酷非情な鬼に変わってしまった。これは一九八九年の天安門事件の弾圧で一説によると二万五千人もの前途ある青年男女を無残にも虐殺した鄧小平がその一つの例である。

【成り上がりもの】――彼らは北京に入城すると、平等や国民の貧困などどこ吹く風で国民から収奪した金で贅沢な生活を始めた。階級別に豪邸や運転手付きの乗用車をもらい、名コックを雇い女中を使い、美女を漁り、大宴会を頻繁に行い家族とともに贅沢な暮らしを楽しみ始めた。邸が不足すると建設した。他の地域でも同じである。

【党員の不安】――しかし彼らは落ち着かなかった。毛沢東の侍医によると、共産党幹部からノイローゼの訴えが政権発足当時から多数あったという。これは共産党員が自分の党に恐怖感を持っているからである。というのは、**共産党は通常の政党ではなく秘密結社だから、一度入ると抜けることができない。**絶えず監視され勝手に逃げれば追跡され殺される。もし粛清で失脚すれば自分はもちろん家族もたちまち路頭に迷う。実際、文革で粛清された幹部の家族の生活は悲惨だった。このためボスに従い党派を作り守り合い、同時に売られないように絶えず怯え疑心暗鬼になるのである。苗剣秋氏は、あの周恩来でさえ党内で尻尾を掴まれないようにいつも小心翼々でびくびくしていたと記している。

【因果応報】――そして最後に起きたのが文革時の党内闘争による毛沢東の幹部大虐殺である。H・ソールズベリーは、毛沢東の一九五九年の「廬山《ろざん》に登る」という詩の一節「無数の曲折を経て頂点に上り、今冷眼を持って世界を見る」から、将来の党内の悲劇を予感している。実際この時の会議で彭徳懐の失脚が始まった。その後、党の高官たちは文革騒乱で鄧小平を除き皆拷問され非業の死を遂げた。ソ連でもスターリンの大粛清で党高官が多数処刑されたが、銃殺を待つ元KGBの長官ヤゴダは独房で「やはり神はいた」と独語した。この報告を看守から受けたスターリンは冷笑を浮かべたという。多くの無辜の国民を苦しめ虐殺してきた中共の幹部たちの最期の心境はどうだったのだろうか。

【太子党と共産主義青年団の派閥闘争】――現在の共産党内部には、幹部の子弟の太子党と共産主義青年団たたき上げの団派の二派があり、権力闘争をしているという。現在の指導者の習近平は親がもと共産党の高官であった太子党で、首相の李克強は団派という。このほかにも中共党内は無法状態なので、相互に守り合うため地域や人脈などを通じ派閥が作られているという。

【黄昏の予感】――共産党幹部や家族は共産党独裁に漠然とした不安を感じており、将来の亡命に備えて米国に財産を預け、子女を米国で教育を受けさせている。こうした単身の高官を国民は「裸官」と呼んでいるという。

第五節　中共革命は易姓革命か

【中共革命の本質】――世界では、毛沢東の運動は共産党を名乗り赤旗を掲げ、マルクスの肖像を飾るので共産主義運動と考えられてきた。しかし実現した社会には左翼運動の大目標である平等がない。それどころか、世襲制の特権階級が形成された。そして金持ちから財産を没収したがそれは自分たちで分けてしまった。**これは社会主義ではない。**そして毛沢東が死亡すると後継者の鄧小平は、驚くべきだが、**資本主義を始めた。**さらに豊かになると軍事力を拡大し、習近平は周辺国家を侵略し始めた。**これは帝国主義である。**マルクス主義の唯物史観からみると目が回るような大逆行の歴史だ。一体これは何か。もともと毛沢東の運動とは左翼運動ではなかった。

毛沢東の運動は中国伝統の暴民暴動の二十世紀版であり易姓革命だったのである。左翼思想は毛沢東の天下取りと独裁のための偽装の道具に過ぎなかった。このため毛沢東政権を明朝に例える専門家もいる。

【明朝との類似点】――十四世紀の明朝は、貧農出身の乞食の朱元璋が白蓮教徒の紅巾の乱に身を投じて権力を得て作った王朝であり、彼が初代の洪武帝となった。毛沢東は湖南の比較的裕福な農民の子に生まれたが、天下取りの野望に駆られ、ソ連が中国で始めた共産主義思想を利用して運動を乗っ取り、戦後運よく国共内戦に勝利して中国を独裁支配した。**紅巾の乱の白蓮教は弥勒仏が降臨し楽園が到来するという中国版の終末論の迷信である。マルクス主義もキリスト教の終末論を真似た唯物史観による楽園到来の迷信である。**

また洪武帝は秘密警察を使って国民を厳重に監視し、金持ちを取りつぶし、「文字の獄」のような出鱈目な冤罪で大量に国民を殺し、最晩年には建国の同志を猜疑心から次々に殺した。毛沢東も同様に国民を厳重に監視し冤罪で大量に処刑して財産を奪い、功績のあった最高幹部の部下たちを文革で粛清している。毛沢東は『資治通鑑』を十七回も繰り返し読んだといわれているから、こうした先人皇帝の非情な独裁統治のノウハウを熟知していたのであろう。自分自身も歴代中国の皇帝の系譜につながる者と自認していた。

【新型の皇帝】——周鯨文によると延安（共産党の本拠地）で毛沢東を見た人は後年、次のように述べた。

「毛沢東が延安にいた時は芝居のような羽根飾りはつけていないが、まるで山賊の大王と変わりなかった。出入りには大勢の手下を従えた。北京に来てからも、彼の姿が現れると満場の人は立起して敬礼し拍手で迎える。彼はゆっくり歩き眼中人なきがごとくである。当時私の見た毛沢東は革命の元首ではなく、新型の皇帝でしかなかった。彼はソ連のスターリンを真似たが、中身は傲慢な中国伝統の皇帝であった」

実際、毛沢東はスターリンと同じように自分がとてつもなく偉大な人物と思っていた。毛沢東は少年時代から殷の暴君紂王《ちゅうおう》や秦の始皇帝にあこがれており、フランスのA・マルローによると、**毛沢東は自分が歴代皇帝の系譜に連なる偉大な人物であるという認識を述べた**という。したがって毛沢東は皇帝であり中華人民共和国は彼の毛王朝だったのである。後に毛沢東の侍医の李医師は、周恩来が毛沢東の前で跪いているのを見て驚き、仮にも一国の首相なのにと驚くが、毛沢東が皇帝だとしたら当然のことだったのだろう。

【マルクス主義は道具】——毛沢東にとっての共産主義とはマルクスの唯物史観により理想社会の到来を待つことでもなく、社会主義により理想社会を作ることでもなかった。そうではなく、自分が権力を握るための暴動と既存体制破壊を正当化するための道具であった。文化大革命勃発当時、彼自身が述べた言葉が人民日報に掲載されている。すなわち「マルクス主義の道理は入り組んでいるが、突き詰めれば、ただ一語、造反有理だ」である。造反とは秩序の破壊だ。毛沢東は「革命とは権威の破壊の事である」とも語っていた。

【唯物史観の否定】——皇帝の毛沢東が死亡すると、中共は反動の資本主義革命を開始し、今や対外侵略の帝国主義に至っている。驚いた歴史である。しかしこれは西側が左翼イデオロギーの宣伝を真に受けているからであり、中共革命を易姓革命と理解すれば何の不思議もないということになる。何千年にわたり専制政治を維持してきた中国人が簡単に西欧の思想や体制を受け入れることなどあり得ないのだ。明朝の永楽帝は大規模な外征や鄭和に命じた南海大遠征で有名であるがこれが現代中共の「一帯一路戦略」の発想になっているのだろう。

【新しい特権階級の発生】——共産主義社会は党官僚という新しい支配階級を生み出した。

これはマルクスが全く予想もしなかったことである。しかもその階級は特権を持ち世襲されることになった。封建時代の階級制度の復活である。社会主義の平等は否定され、逆に主張すれば反革命として処罰された。文革時代には「親が英雄なら子も英雄、親が反動なら子も悪党」のスローガンが貼りだされ、社会のあらゆる場面で世襲特権が主張された。

そこで平等主義の二十四歳の遇羅克青年が反対し『出身論』という小冊子を出版したが、文革で発禁にされ、一九七〇年に革命委員会により処刑された。彼に協力した女子学生も拷問され牢獄で死亡した。これは左翼主義者からみるとまったくの反革命行為であった。しかしこれは革命が盗まれたのではなく、中共革命は初めから毛沢東を皇帝とする易姓革命であり、左翼政権ではなかったのである。

【第一革命の終わり】――毛沢東は一九五九年、大量の国民餓死の責任をとって国家主席を辞任した。第一革命の終わりである。しかし党主席の地位は維持しており、その後の復権を狙い第二革命に成功した。しかし死亡すると、家来の鄧小平らが皇后の江青から権力を奪った。もし毛沢東の息子の毛岸英が朝鮮戦争で戦死していなければ、北朝鮮のように毛の一族が独裁権力を継承していた可能性がある。なお文革中に党主席となった華国鋒は毛沢東に容貌が似ていることから隠し子ではないかという意見もある。しかし華国鋒は文革終了後の一九七八年、実力者鄧小平に更迭された。

第十八章　国民総監視体制

第一節　国民掌握

【四本の爪】――――共産党は政権を取ると国民を四本の爪で掌握した。それは思想、生活、権力そして情報である。

①思想とは価値観であり、共産党が無謬《むびゅう》で何をしても良いということである。

②生活とは共産党が国民の資産を収奪し、住宅から食糧まですべてを管理し、国民の生殺与奪の権利を握ったことである。

③権力とは共産党が無法と無制限の暴力を行使することである。

④情報の管理とは共産党が内外の情報を遮断し、国民相互の情報交換を禁止したことである。そして一方的な宣伝を流し国民を洗脳した。

【法治の嘘】――中共は権力を取ると、まるで天国のような内容の法律を発布した。しかし驚くべきであるが一般国民にとっては全部無意味だった。というのは**法律の上に独裁党があるから、法律があっても機能しないのだ。**法律はあくまでも支配者の国民を支配する道具であり、国民を守るものではない。もし不満を言えば人民の敵として処罰されたのである。遵法主義の日本人には想像もできないが、まさに**偽善と暴力が共産党統治の二大特徴なのである。**

第二節　恐怖統治

【恐怖政治体制】――周鯨文氏が中共発足当時、司法機関の内部を見聞した感想である。

「中共政権発足後の四、五年間の犯罪は反革命罪が主だった。政権が気にくわないと見なした者を捕らえて処罰、処刑したのである。責任者の董必武は私に『殺す者は殺した、しかし未決がまだ百万件もある』と述べた。例えば立小便で四年も監獄に入れられている者がいた。共産党は少しでもおかしいと思えば構わず逮捕する。そして強制労働に送る。だから監獄はいつも満員だ。一九五三年には司法改革が行われたがその結果、大量の冤罪の処刑、判決、留置が明るみに出た」

【保身のための逮捕】――「共産党員の警察関係者は自分の保身を第一とするから、とにかく逮捕する。容疑は会話が不謹慎だから、あるいは過去の経歴がはっきりしないからというだけで簡単に反革命分子とする。そして処罰、処刑である。一九五六年の夏、私は上海監獄を見学したが中には入獄七ヶ月にもかかわらず、いまだに刑期未決の囚人たちがいた。キリスト教徒だという。また杭州の監獄で収容者に罪を聞くとみな反革命という。そこで判決書を取り寄せてみると、理由はつまらない言動である。それで懲役十年、十五年である。そこで判事に聞くと国策に従い、常に重罪にして軽くしないようにしているという。たとえ百人の無罪の者がいても一人の有罪者を逃さないという。そして政府にはまだ量刑の基準がないという」（著者注：これはフランス革命当時の革命委員会と同じで左翼権力に共通の詭弁である）

【警察の監視】――「共産党は偽物の裁判制度を利用して、何千万という人を強制収容所に送り込み、百万単位で国民を殺している。これは恐怖で人々を脅しつけているのである。国民が恐れているのは、羅瑞卿が指揮する公安警察である。革命前にも警察はあったが、国民は警察官を恐れてはいなかった。警官は普通に交通を整理したり、喧嘩があれば仲裁していた。だから時には国民に馬鹿にもされていた。ところが共産党の警察は猛犬であった。嗅覚は鋭く、噛めば骨にまで食い入る。かれらは最高の能力で人民を包囲し監視している。その監視網は上から下まで蟻の這い出る隙もない」

（著者注：これはソ連KGBから学んだものであろうか。また明朝の監視制度を参考にしたのかもしれない）

【水も漏らさぬ監視体制】――**公安の派出所は、一定範囲の住民を管理している。**そして住民は管理区域外に出る場合は必ず許可を得る仕組みになっていた。来客があればその旨を届ける。警察はいつでも立ち入り検査が出来る。住民が物を売るときは、許可を得る。何か品物を送ってきたらそれも報告する。初期には、聞香隊というものがあって三度の食事の内容まで監視し、献立を見て献金や奉仕をさせるための資料とした。食事内容が良いと金があるとみるのであろう。

【住民相互監視組織】――**警察の外部組織に「街道委員会」というものがあり、住民を監視し警察に報告する。**そして動員、献金、献納、政治運動の推進、各家の状況把握、などすべての責任を負う。スパイを監視するというのが仕事とされている。

【家庭内相互監視】――また、**各人は家族と隣家の動静を監視する義務がある。**だから全員が監視し合う。親子、夫婦、兄弟姉妹まで恐怖に怯えた日々を送っているのである。

【監視社会】――中共社会では、要するに一人一人が監視され、また監視しており、恐怖に怯えた生活を送っている。共産国家を警察国家と呼ぶのは、全国民が警察の監視の中で生活しているということである。この監視は個人の生活する地域だけでなく、**一切の機関、学校、企業、商店、工場の隅々まで張り巡らされている**のである。だから住民は口を開けば共産党を賛美し、マルクス主義的な意見を言う。これに対して幹部達はその地域の王者として人民に君臨している。しかし彼らも万能ではない。というのは上部機関からの監視と処罰があるからだ。だから共産主義統治下では毛沢東以外は安心して暮らせる者は誰一人もいないということになる。最高幹部クラスでさえ尻尾を掴まれないがビクビクしていたのである。

第三節　集団処刑

【国民粛清】――毛沢東は整風と称して、党員、小作農民、商工業者、文化人の吊し上げ運動を繰り返し行い、犠牲者の財産を奪い大量に処刑した。これらは全く無法行為であったが、国民には参政権がないので抵抗する術もなく殺されていった。**毛沢東時代の国民の最終的な犠牲者の総数は八千万人に上るという。スターリンの四千万を遥かに上回る**想像を絶する規模の死者である。

【湖北の集団処刑と香港脱出】――元共産党幹部、香港脱出者、顧（偽名）の回想から。

「中共の赤色テロは党の上層部で冷血に計算され計画されたものです。何の抵抗もないのに情け容赦なく実行されました。一部の悪魔的な人間によって民衆の上に加えられた蛮行だったのです。

中央委員会は住民を七種類に分けて処刑しました。それは、①元国民党関係者、②自分の意見を持つもの、③秘密結社（互助会）の会員、④日本軍と関係のあったもの、⑤キリスト教関係者、⑥実業家と商人、そして⑦共産党の味方ではないと見られるもので、これらの数は三年間で人口の五%、一千五百万に上るとみられます。さらに収容所の餓死者をいれると四千万人以上になると思われます。

……私は強制収容所を訪ねるたびに、余りに悲惨な状況を見て、このようなことが果たして今まで何処の世界にあったろうか、と疑いました。……湖北のある地方で夕方、集団処刑が行われ、係員は死体を残して引き上げました。私が死体を見に行くと一人の女性が生き残っており、訴えるような目で私を見守っていました。そこで私は金を渡し逃がしました。それが私の地位を棒に振ることになりました。

七年後、私は統制委員会から呼ばれたので、行くと担当者は不在でした。机の上に極秘資料が置かれているので何気なく見ると、血が凍りそうになりました。それは逮捕された女性が私に救われたことを供述した記録だったのです。私は共産党に捕まれば逃げる道がないことを知っていたので、即座に友人の家に向かいました。その人は兄が共産主義者で延安で事故死したとされていましたが、本当は毛沢東に粛清されたことを話してあげたので信頼し、いざという時には大陸から脱出する約束をしていたのです。そこで事情を話し、直ちに漁船を出しました。運良く警備艇に発見されず三日後に香港湾に入りました。私たちは地獄から生命の土地への脱出に成功し、互いに抱き合って喜びに泣きました。」(『蟻塚』シュザンヌ・ラバン著、時事通信社)から抜粋。

顧は孤児で、革命前キリスト教会で育てられたが優秀な少年なので共産軍に徴募された。

第十九章　中ソ関係の変遷

【中ソの関係性】――中共は戦前ソ連の中国工作の支部として作られ、ソ連が長年援助してきた。しかし戦後、毛沢東は中国を統一するとソ連の傀儡にならず逆にソ連から独立したが、その後も両国は米国と対立する国際戦略から協力を続けていた。このためソ連との関係は中共の内政、外交に大きな影響を与えたのである。

【中ソ蜜月時代】――一九四九年、政権を取った毛沢東は軍事援助を求めてモスクワのスターリンを訪ねた。スターリンはそれまで毛沢東に会ったことがないので、中共の指導者として認めるかいろいろ考えたようである。フルシチョフによれば、スターリンは次のように述べたという。

「毛沢東というのはどんな人物かね？　わしは彼について何も知らないのだ。彼は一度もソ連に来たことがない」（その後、毛沢東と会談してから）「毛沢東は自分ではマルクス主義者と言っているが、マルクス理論の初歩でさえ理解していない。あるいは理解しようとも思っていないようだ」（『フルシチョフ回顧録』タイムインターナショナルから）

これは毛沢東がマルクス主義者ではなかったということであろう。なお、後年ソ連のイデオロギーの専門家のスースロフと鄧小平の間で共産主義理論の論争が行われたが、鄧小平が一歩もひかなかったので毛沢東は面目を保ったという。鄧小平は戦前、若い頃ソ連で三年間共産党員の訓練を受けていた。

【中ソ友好条約】――この時スターリンは毛沢東を帰国させず宿舎に二か月も留め置いたので、毛沢東はパニックになったという。というのは、**スターリンは戦前、各国共産党指導者を呼んで気に入らないと処刑していたから**である。この時スターリンは毛沢東と中ソ友好条約を結んだがこれはスターリンにとり翌年の朝鮮戦争計画の伏線になっていたのであろう。毛沢東はスターリンの要請で参戦し、後継の長男の毛岸英を米軍の爆撃で失うのである。

【スターリンの死】――一九五三年三月二日、ソ連の独裁者スターリンは数千の護衛兵の守るモスクワ近郊の元貴族の屋敷で脳溢血により急死した。彼の死は世界中に大きな衝撃を与え、内外で巨大な変化が始まった。**国内では権力闘争が始まり無実の囚人の釈放が始まった。国外では朝鮮戦争が早速停止され、東欧の衛星国でもソ連支配に反対する動きが始まった。**李医師によるとこのニュースを知った毛沢東は、スターリンという長年の目の上のたん瘤が消えて上機嫌だったという。

【中ソ対立時代】――一九五三年スターリンが急死すると、毛沢東は共産主義世界の指導権を手に入れようと、ソ連の後継者フルシチョフと争うようになった。このためフルシチョフは中国に派遣していた技術者を引き揚げた。そこで毛沢東は国民に自力更生を呼び掛けた。そして毛沢東は「国民がズボンをはかなくても原爆を手に入れる」と述べたが、一九六四年、原爆実験に成功した。そして核ミサイルの開発にも成功した。

一九六九年、毛沢東は内外複数の狙いから、満洲とソ連の国境を流れるウスリー河の中洲をソ連と争い武力紛争を起こした。インド軍の元参謀総長によると、この時ソ連は核攻撃を考えたが、中共が数発ではあったが核ミサイルを保有していたので、報復を恐れて控えたという。毛沢東の狙いの一つは、中ソ関係の悪化を見せて米国を味方に引き込むことであった。はたしてこれに気づいた米国は一九七二年、ニクソンが訪中した。

フルシチョフ

【ソ連の自滅とロシア】――ソ連はフルシチョフのスターリン批判などの変遷を経て、一九九一年に自滅しロシアに戻った。ロシアの歴史家A・ヤコブレフはマルクス主義が立ち去った後、ロシアに残されたのはかつて豊穣だったロシアの精神、文化、伝統、社会そして人の焼け跡だけだったと嘆いている。

これは文革の被害を受けた中共も同じである。共産主義は人と文化を破壊するだけで何もよいものを作らない。カンボジアのポルポト政権の崩壊後、苦しめられた村人は共産党員を捕らえて報復したが、その農道にさらされた生首には「共産党、永遠の敵」という紙が貼られていたという。

その後、鄧小平の経済自由化により中共経済が大発展したので、現在ロシアとは経済力に大差が生まれ、プーチンは習近平との友好に努めている。

第二十章　大躍進政策の起こした大飢餓

第一節　動機論

【世界的指導者になる野望】――これは結果的に四千万という未曾有の餓死者を出し、毛沢東が国家主席の引責辞任に追い込まれた大失政である。この政策の動機として、毛沢東がソ連より先に共産主義社会を実現し、ソ連のフルシチョフから世界の共産主義運動の指導者の座を奪おうとしたためといわれている。そこで、**ソ連が十五年で米国に追いつくといったので、毛沢東は英国に十五年で追いつくと大見得を切った**のである。しかしこれは現実的な政策ではなかった。後に逃亡死した最高幹部の林彪の日記には「大躍進は毛沢東の妄想である」と記されていたという。毛沢東は科学的知識が無かったので、この現実離れした政策を本気で実現しようとしたのである。

【共産主義社会とは】――マルクスは、イメージとして「能力に応じて働き、欲望に応じて取る社会」と述べた。しかし具体的な社会経済制度についての言及はない。中世のトマス・モアなどが描いた理想社会は平等優先の自由のない統制社会である。また共産主義社会は一国主義で国際関係はない。だから願望だけを並べた騙し絵の社会像である。シオランは、ユートピアでは人間は個性を失い記号化すると述べている。たしかに毛沢東時代の自由を奪われた中国人は七億の青い蟻と呼ばれた。

【大躍進宣言】――一九五八年、毛沢東は共産党大会で三面紅旗方針を発表した。これは例によって意味が不明であるが、内容は社会主義実現、人民公社、大躍進の三大政策で、人民公社体制の下で農業と鉄鋼の大増産を実現し、社会主義を実現するという意味である。しかしすべて大失敗し、国民と資源の未曾有の被害を生んだ。

【国民の面従腹背】――一九五九年、彭徳懐国防相は廬山会議で各地の被害を調べた上で、毛沢東に現実の生産は景気の良い掛け声だけでは実現しない、と個人的に建言をしたが毛沢東の逆鱗に触れて失脚した。これを知ると以後、九億の全国民は面従腹背に徹し正論を述べるものはいなくなった。そこで毛沢東は大妄想政策を強行し、未曾有の大災害を起こしたのである。中国人によるとこれは毛沢東が**権力に弱い中国人の民族性をよく知っていたからだ**という。

第二節　三面紅旗政策

【人民公社】――これは地域を兵営化し、住民を人民公社単位で共産党の管理下に置き生活を完全に支配するものであった。生活の柱として人民公社に食品無料配給制度と公衆食堂が導入された。これにより人々は共同食堂で好きなだけ食べ、将来の食糧不足は心配しないで良いとされた。しかし食糧が次第に不足してくると、若い者が老人から乏しい食糧を奪い取ったりする事件が頻発し、小型の鍋がないので小人数の食事が作れないなど無理、無駄、不便が明らかになった。そして食糧が足りなくなると生活ができなくなったので、人民公社は廃止された。

これは共産主義の楽園を地上に実現し、中共がソ連に先行することを世界に示すための政治的なプロパガンダであったという。ソ連はこの計画を知って時期尚早と批判したが、毛沢東は取り合わず、強行したのである。

【農業大増産計画】――これは種子を二メートルも深く植えて度を超す密植をする農法で収量が上がるというものであったらしい。しかしその結果は何も良い成果は無かった。誰がこのような根拠のない農法を、農家育ちの毛沢東に吹き込んだのか疑問である。しかし毛沢東が現地視察に向かった地域では、他の畑から持ってきた稲や麦を既存の麦の間に植えて、幼児が上に乗れるほど密植し、送風機で風を送り腐らないようにした。これらの成果は全部虚構であったが新聞が大報道したので、虚構の農業増産運動は過熱化していった。そしてこの**虚構の数字が課税の基礎にされたので、農民は厳しく収奪され、革命前の生活とは比べものにならないほど困窮するようになった。**

【鉄鋼大増産計画】―――これは鉄鋼の生産を全国の農村に強要したものである。具体的には**泥レンガで村々に窯を作り火を焚き、そこに鉄製の鍋釜などの調理道具や鋤などの農機具を投げ込み溶かした**のである。出来たものは近代の溶鉱炉で作られる鉄鋼製品とは似ても似つかない、くず鉄の塊であった。しかしこのための燃料として樹木が伐採され、住宅が解体されて材木が燃やされたのである。この時、紀元前二世紀から保存されてきた有名な歴史遺産の函谷関《かんこくかん》の新関の建物が解体され石は溶鉱炉の材料、木材は燃料として使われてしまったという。

レンガ造りの炉で製鉄

【製鉄所の所長は獣医】―――混乱は製鉄所の操業にも及んだので、周恩来はフルシチョフに専門家の派遣を要請した。ソ連の技術者は帰国すると、フルシチョフに次のように報告した。

「ある製鉄所に案内されました。中の設備は素人の運転で滅茶苦茶になっていました。そこで責任者を呼んでもらうと出てきた男は、自分は獣医だという。驚いて我々が訓練した技術者たちは？　と聞くと、地方で革命精神を鍛えているという。周恩来は分かっていますが、彼にはどうすることもできません」（『フルシチョフ最後の遺言　上巻』河出書房新社から）

【大飢餓の原因】――この製鉄運動で重大なのは、この期間、農村の男手がこの無駄な作業に動員されたことである。このため農村では収穫が始まっても女手しかないので、完熟した穀物は収穫できず空しく畑で腐らせてしまった。この結果、一九五九年から三年に及ぶ歴史的な巨大な飢餓が始まったのである。その後中共は、大飢餓発生の原因を天候不順のためとしているが、そのような全国的な異常気象の記録はないという。

第三節　飢餓の大被害

【餓死者四千万人】――農村の人手不足で食糧不足が続くと飢餓が始まった。その被害はすさまじく、**人肉食まで発生し飢餓地帯の村は全滅し地域は丸ごと消滅した。**一九八九年の中共の調査によると、チベットでは千五百万人が餓死したという。このためパンチェンラマ十世は、中共のチベット統治を批判した「七万言上書」を発表した。

【飢餓者の歩行】――以下は空軍パイロットの記録である。『自由への飛行』ファン・ユエンエン著（日本経済通信社）から。

「一九五九から六一年までの三年間、中共全土は飢餓に襲われた。飢餓のために死ぬ人の情景を本当に見た人は少ないだろう。私は瀋陽へ飛行機を取りに行く途中で見た。歴史書には泥団子まで食べる飢餓の話があるが、それが現実となったのである。人間は飢餓が進むと内臓器官が溶解し、水ぶくれ状態になる。浮腫だ。私が見た人々は飢餓地域から逃れてきた人々で、一人ずつ助け合いながら手をつないでいた。彼らは一塊になって街に向かって歩いていた。まるで幽霊だった。生命は今や蜘蛛の糸のように弱々しく、どんな言葉も、暴力も彼らに対しては無用だった。

共産党は飢餓問題を解決できなかった。それは余りにも被災者が多かったからである。飢餓難民の足取りは鈍く、一歩一歩が数センチ刻みに見えた。共産党は無産階級の兄弟と言っていたが、都市の幹部は難民の進入を防ぐため城門を閉じ、水のような粥一勺ずつ与えただけであった。飢餓は都市住民にも起きたが、それでも配給があった。この飢餓は結局三年後、農民の自留地の生産によって止まり救われたのである。この体験により農民は共産主義権力が自分たちを搾取し苦しめることを深く思い知ったのである」

【毛沢東の責任転嫁】――「一九六〇年、河南省新陽地区から餓死者が増加し地域の一割が死亡しているという情報が入ると毛沢東は明らかに動揺し、**原因は敵の破壊工作であると主張した。**そして周恩来等を現地視察に派遣した。彼らは光山県で餓死寸前の人々を見た。彼らは厳しい寒さの中、破壊された家の瓦礫の中で身を寄せあっていた。住宅の木材は燃料にするために既に皆はぎ取られていた。食糧は民兵組織が強制的に没収していた。かつては活気に満ちあふれていた村では、子供達が骸骨のようにやせ衰え死人のような祖母と並んで横たわっていた。ここではすでに村民の四人に一人が餓死していた。村の周囲には墓標が林立していた。(『毛沢東の大飢饉』フランク・ディケーター、草思社)から。

【当時の農村の惨状】――一九六五年、毛沢東の侍医、李医師は毛沢東から江西省の田舎に行き階級闘争を促進するように命じられた。

「現地を見ると革命後十六年もたっているのに、農業機械類は皆無で、人々は肉体労働だけで千年前と変わらない状態で働いていた。村民は税金が高いために極貧の生活をしていた。李医師が驚くと地方の事情を知る毛沢東の警備局長は、他の地域はもっと貧しいという。この村の若い妻たちは夫や子供が餓死したため安徽省から逃げてきた人たちだった。

毛沢東の唱道した階級闘争は今なお非常な激しさで続いていた。村人はすべて階級分けされており、富農とされたものは全財産を奪われ家族は村の監視下に置かれていた。彼らは定期的に公安当局から過去の悪行とされるものを反省させられ、村で何か不都合な事が起こると自動的に容疑者とされ尋問された。この階級のレッテルは子々孫々にまで続く。これは明らかに不公正な身分制度であった。しかし私（李医師）が改善を提案すると、いくら毛主席の医師でも面倒なことに巻き込まれると警告された」

（著者注：身分制度は共産党幹部と家族の特権維持と、被差別国民が中共の差別社会の憤懣のはけ口になるからであろう。自称共産主義運動が実現した社会は平等などどこにもない社会主義とはまったく異質の社会であった）

【一九五九年、毛沢東の引責国家主席退任】――毛沢東の大躍進政策は、数千万人を餓死に追いやり、せっかく作った鉄鋼も使い物にならず、人と資源のとてつもない浪費に終わった。このため毛沢東は生涯一度だけという自己批判をして国家主席を辞任し、代わりに劉少奇が国家主席となった。しかし、皇帝の毛沢東はこの大被害を自分の失敗とは思っておらず、家来の劉少奇や鄧小平に自分の失敗の後始末をさせ、その後復位するつもりであったようだ。まさに杜牧の捲土重来の詩の忍耐戦術である。

この後の文革までの七年間、毛沢東が辞任した国家主席の役職は対外的で軽く、最重要な党主席は毛沢東のままであったから、毛沢東は依然として党に君臨していた。しかし**劉少奇や鄧小平が、毛沢東の起こした大災害を復旧し党内で実力をつけてくると共産党は分裂し、毛と劉の二元支配の形になってきた。**そこで毛沢東は不安になり奪権を決意した。それが第二革命である文化大革命を起こす原因となったのである。これは大失政で家臣団に押し込められた皇帝の家臣団との奪権闘争に例えることが出来るだろう。

第二十一章　毛沢東第二革命期（一九六六～七六年）

【概要】――――一九五九年、国家主席の地位を辞した毛沢東は忍耐強く奪権計画を考えた。そして七年後の一九六六年に「文化大革命」を発動して既存の共産党組織を破壊し、党指導者を滅ぼし、再度、唯一無二の独裁者となったのである。したがってこの間の一九六〇年から一九六五年までは毛沢東の奪権の準備期間ということになる。この後、**新しく権力を得た毛沢東直属の革命委員会が、毛沢東の死ぬ一九七六年まで共産党と国家を支配した。**これが中共の第二革命期である。

この党内の内戦は毛沢東が例の通り当初、文化大革命というスローガンで偽装したので、人々はその真意がつかめなかったが、急速に暴力内戦の正体を現し、遂に共産党最高指導部の虐殺に到るのである。この過程で共産党指導部だけでなく、中国のあらゆる歴史的な文物が否定され破壊され、軍隊同士の抗争まで発生し、鄧小平によると死者は二千万人に上ったという。この国を挙げての自殺的な大破壊運動に使われたのは党主席としての毛沢東の地位と彼個人の名声であり、国民は毛沢東をかつての皇帝のように崇敬し命令に服したのである。中国人によれば、こうした権威への盲従は中国人の民族性の弱点の一つだという。しかし毛沢東が死亡すると虐げられていた党内勢力が復権し、毛沢東の革命派を駆逐し鄧小平の第三革命期となった。

第一節　奪権準備期

【組織作り】――復権を狙う毛沢東は密かに自分の腹心の部下を集め準備を始めた。それが夫人の江青、張春橋（党上海代表）、姚文元、王洪文のいわゆる文革四人組であった。それに周恩来首相や秘密警察長官の康生らも加わった。そして彼らは共産党の党組織に対抗する中共中央文化革命小組を結成した。このため文革を、毛沢東夫婦の開いた二人の店に例える人もいた。というのは毛沢東と江青の二人が党と国家を乗っ取ったからである。まさに易姓革命である。そして各地に革命委員会を設置し、既存の共産党の組織と人を攻撃し破壊した。これは共産軍まで巻き込み武器を使った内戦に発展した。

【動乱の兆候】――一九六五年、上海で「海瑞免官」という戯曲が、彭徳懐を罷免した毛沢東を批判するものとして問題とされた。そして次に『三家村札記』という随筆集を書いたグループが批判された。これらの作家はともに劉少奇の人脈につながる人たちであり、これが三年後の劉少奇失脚につながる陰謀工作の始まりだった。しかしこの時、人々はこれが毛沢東の劉少奇を狙う大陰謀とは誰も気がつかなかったのである。まさに毛沢東の深謀遠慮であった。**当時の日本でも文化大革命のタイトルにだまされ、文字通り文化の革命と受け取った人が多かった。**

【毛沢東の予言】――毛沢東は李医師に「今度は千人の人民が死ぬだろうな。何もかもひっくり返りつつある。私は天下の大乱が好きだ」と言ったという。（『毛沢東の私生活』李チスイ著から）

第二節　教育界から闘争勃発

【教育界から発火】――文化大革命は一九六六年、北京大学の周辺の高校生が毛沢東防衛を主張したことから始まった。これは主に幹部の子女が通うエリート学校だから、親から指示されたのだろう。当時、精華付属中学の生徒で紅衛兵《こうえいへい》という用語を造語した張承志（当時十七歳）は、遂には二千万人が死亡する大内戦に至る文化大革命の発端を次のように記している。

「学内で討論会が始まった。討論は『毛沢東語録』を先に引用した者が勝ちであった。これ以後、

紅衛兵

既存体制の権威や正統性は消え失せ、全国人民は毛沢東の思想により国家の大事に関与できるようになったのである。このようなことは中国の長い歴史で空前絶後のことであった。

……人民日報に毛主席語録が載っていた。それには『マルクス主義の道理は入り組んではいるが突き詰めれば唯一語、造反有理だ』とあった。**造反有理とは革命無罪ということである。**毛沢東は『革命とは破壊のことである』とも語っていた」（『紅衛兵の時代』張承志著、岩波書店から）

　こうして全国で破壊無罪を信奉する紅衛兵の、既存権威や伝統に対する無制限の暴力行為が急速に広まっていったのである。そして北京大学の学長が紅衛兵に吊し上げられ罷免された。

【文化人、学者の迫害】――著名な文化人が攻撃され多くが殺された。有名な老舎は高校生の紅衛兵達につるし上げを受けて暴行され、死体が池で見つかった。魯迅《ろじん》の弟、周作人も迫害され死亡した。中共の核研究センターでは中国の至宝と言われた高名な科学者までが紅衛兵に撲殺されたという。

【伝統文化、芸術の破壊】――伝統文化も毛沢東の破壊の対象になり、第一革命後も残っていた歴史ある寺院や遺跡が破壊された。京劇などの伝統芸能も攻撃され役者が迫害された。そして個人の家で守られていた国宝級の陶磁器などの名品も、来襲した高校生にたたき割られた。民族の慣習も破壊され、墓が暴かれ遺骨や遺骸が肥料にされた。

【国宝名品の破壊】――これは紅衛兵被害を受けた、戦前上流階級であった老婦人の体験である。（『上海の長い夜』鄭念著、原書房）から抜粋。

「紅衛兵がやってきた。『門を開けろ』誰かが怒鳴った。趙老人が駆け下りていった。紅衛兵は三、四十人の十五歳から二十歳くらいの高校生で、年上の大人三人に案内されて入ってきた。彼らは私の飾り棚をたたき割った。中には私が長年収集してきた高価な骨董美術品が入っていた。若い男が康熙帝時代の酒杯を足で踏みつけていた。私は思わずその男の脚にとりすがった。紅衛兵は立ち上がると私の胸を蹴った。私は『これは三百年前の名品です。二度と作れません。中国人は誇りに思うべきです』といった。すると紅衛兵は『黙れ、古いものは重要ではない』そして別の紅衛兵が言った。『我々の目的は古い文化の破壊にある』すると別の紅衛兵が観音像をもって二階から降りてきた。それは十七世紀に福建省の徳化窯で作られた名工の銘の入った優れた美術品だった」

著者は戦前、英国で学んだ上流階級の女性である。毛沢東の呼びかけに応じて夫と共に帰国したが、文革中に迫害投獄され、その間に紅衛兵に女優をしていた一人娘を殺された。その後一九八〇年の毛沢東の死後に米国に移住し、その文革時代の恐怖の体験談を発表しベストセラーになった。文革ではこのような破壊が全土で行われたのである。
現代中共人が嘆くように、まさに中国にとって取り返しのつかない歴史的大災厄であった。

第三節　党内闘争の拡大

【毛沢東の煽動と闘争の拡大】——紅衛兵の破壊運動はたちまち全土に広がり、運動は文化から政治闘争に発展し、私刑殺人まで始まった。この**抗争の原因には、それまでの行政機関と共産党機関の対立、共産党機関内部の派閥対立、紅衛兵組織内部の抗争、そして多くの国民の間の私怨と報復があった**という。

文革は多数の死傷者が出るようになったので、劉少奇ら共産党は暴力行為の禁止を指示したが、効果はなかった。それは神格化されていた毛沢東が「造反有理、革命無罪」の指示を出して若者を煽動し駆り立てていたからである。こうして中共全土は大混乱に陥った。この様子は当時のニュース映画を見るとよい。被害者の首に掛けられた看板の×印は死刑を意味しており、銃殺あるいは撲殺された。

【党高官の迫害虐殺】——共産党の党内闘争は激化して党高官も対象になり、毛沢東の秘書の田家英は自殺したが実際は毛沢東の秘密を知りすぎていたため処刑されたという。そして攻撃の手はついに最高幹部に及び一九六七年には劉少奇が逮捕され、拷問され迫害された。この様子を見た毛沢東の侍医の李医師は次のように記している。

「劉少奇と王公美夫人は群集の中に立たされ、小突かれたり殴られたりしていた。そして劉少奇は両腕を後ろからねじ上げられ頭が地面に着くほど上半身を倒されると平手で殴打された。劉少奇は七十歳でそれも国家主席ではないか。しかし警備兵達は介入しようとしなかった」（『毛沢東の私生活』李チスイ著から）。（注：手を出さないように上司〈毛沢東〉から命令を受けていたのである）。

その後、劉少奇は一九六九年に幽閉先の開封で死亡したが、その時は髪が三〇センチも伸び発狂しており、死体は誰か分からないように名前が農民の「劉衛黄」に変えられていたという。他にも党の高級幹部が多数迫害され殺された。賀竜将軍は糖尿病を患っていたが、逮捕されブドウ糖を注射されて殺されたという。こうした医療の形を使った陰険な暗殺や処刑が行われた。彭徳懐元国防相は四川から北京に呼び戻され収監中、大腸がんを発症したが手当てを受けられず一九七四年、血と汚物にまみれて死亡したという。彼は祖母が乞食をするような湖南の貧農の家に生まれ、土木工事の人夫や軍閥の兵士となりその後、毛沢東の共産軍に参加して軍功を立て大出世した。木訥で努力家の真面目な人柄であったが、最後は惨めな死を迎えた。

この悲劇については、彭徳懐が総司令官であった朝鮮戦争で毛沢東の長男毛岸英が米軍の爆撃で戦死したことを毛沢東が恨んでいたという話もある。鄧小平だけは、南昌に幽閉されていたが志願してトラクター工場で働き生き延びた。しかし彼の長男は紅衛兵に拷問され、ビルから飛び降りて身障者となった。これらの毛沢東に殺された高官たちは、戦前からの共産党運動の幹部で数多くの国民を苦しめてきたから、被害者から見れば天罰を受けたというべきかもしれない。

【党幹部の失脚】――――「女子高生ユンの両親は四川省の共産党の幹部であったが、革命委員会の標的になり失脚する。父は大衆集会で文革に反対した。そして『毛沢東が指導していても反対する』というと満場は水を打ったように静まりかえった。**毛沢東の否定は死罪にあたった**からだ。次の瞬間、造反派は激昂し撤回を要求したが、父はそれでも拒絶した。

造反派は怒り狂った。父は革命委員会に連行され暴行される。娘の彼女は匿名の人物から電話で呼ばれ党の建物に行くと、暴行を受けた父は建物に寄りかかっていた。医者に連れてゆくと肋骨が二本折れていた。党員だった母もタイガーベンチという長く続けると膝の骨の折れる恐怖の拷問を受けた。そして頭に白い紙の帽子をかぶらされ町を行進させられ、さらしものになった。母は石畳みの歩道で叩頭しなければならなかった。両親は成都から五百キロも離れたヒマラヤに近い古来の流刑地の別々の強制収容所に収監された。公式統計によると河北省だけでも共産党幹部八万四千人が失脚し、数千人が死亡したという」（『ワイルド・スワン』ユン・チアン著、講談社）から。

第四節　一般社会の破壊混乱

【略奪暴行行為の横行】――紅衛兵は家に押し入り、家人に暴行を働き貴重品を奪った。略奪強盗行為である。これは紅衛兵の襲撃を見た女子高生の話である。

「私は紅衛兵の接待所にいた。すると粗野な中年女が二人入ってきた。そして皆と一緒にトラックに乗せられた。女は、近くに国民党の将校の妻がいて、蒋介石の肖像画を持っているという。連れて行かれた家は二間しかなかった。部屋はめちゃくちゃにひっくり返されており、四十代の女が上半身裸で跪いていた。薄暗い裸電球の下で陰影に隈取られた女の姿はグロテスクだった。髪の毛はくしゃくしゃで所々に血がこびりついていた。

必死の形相で『紅衛兵の皆様方、私は蒋介石の肖像画など持っておりません。誓って申します』と絶叫した。頭を床にばんばんと打ち付けて、額から血がにじみ出ていた。ズボンには汚物のシミが見え糞臭が部屋中に広がった。私は驚いて目をそらした。すると殴った十七歳の男子生徒の姿が目に入った。彼は革ベルトのバックルをもてあそんでいた。そして『本当のことをいえ、でないとまた殴るぞ』と言った。私は急いで裏手の庭に出た。すると再び女性をむち打つ音が聞こえてきた。しかし何人かの紅衛兵が『この家には何も埋まっていない、行こう』と言い出した。我々を連れてきた女の目には怯えた卑屈な色があった。おそらくこれは私怨であり、もともと蔣介石の肖像画などなかったのだ。私は嫌悪と憤怒でむかむかした」(『ワイルド・スワン』ユン・チアン著、講談社)から。

【国内の大混乱】——海外には文革のさまざまな驚愕の情報がもたらされた。例えば、赤は革命の色なので交通信号の赤を停止から進めに変えたという。映画『ラストエンペラー』にこの場面がある。しかし交通事故が多発したので、すぐに元に戻された。

【異民族の弾圧】——この騒乱に乗じてチベット人やウイグル人、蒙古人らが漢人に弾圧され大量に殺された。**内蒙古では人民党事件がでっち上げられ二万五千人が処刑されたという。**まだチベットでは仏教寺院や貴重な仏像が紅衛兵により破壊された。**

【日本人の被害】——日本経済新聞社の記者や日中友好組織の日本人父娘が逮捕され、三年近く監禁された。石平氏によると、**中共は日中友好組織の人を捕らえるという。それは組織が抗議しにくいからという。恐ろしい発想である。**

【江西省の惨劇】——鄭義(作家)は改革開放後の一九八六年に江西省を訪ね、地域で九万人が殺されたという二十年前の文革の被害を調査した。

「私が身分(当時、報道員)と目的を明らかにすると幹部は嫌々だが次のように語った。革命委員会は、村の民兵に命じて名簿に記載された人間を逮捕させ人民公社に連行した。理由は反動的など一方的で証拠はなかった。そして批判大会を開き、**強制的に集めた群衆を扇動し、共犯意識を持たせるために銃を使わず拳骨、石、こん棒で殴り殺させた。**こうして何千人もの人が虐殺されていった。群集は二十歳代が多かった。

　殺される人は抵抗せず、おとなしい羊のように何も言わずひざまずいて撲殺された。しかし表情だけは冷淡であった。抵抗した事件が二件あったが民兵を派遣して一件では家族ごと射殺し、もう一件では捕らえて包丁で斬首した。当時は大変恐ろしい時代で、夫を処刑された妻が泣き崩れると敵に同情したとして背負っていた幼児もろとも殺された。各所で死体が放置され賓陽市内でも死臭が漂い始めたので人々は恐ろしくなり家から外に出ないようになった」

【被害者の子息、Tの話】――「自分は当時六歳だった。**父が殺された二日後、母が撲殺され川に投げ込まれた。理由は案山子《かかし》を作るために使った古新聞に毛主席の写真があったからだという。**伯父も木山大虐殺事件で殺されていた。長兄も殺され肝を食われた。身障者の次兄は餓死した。祖母は伯母のところに引き取られた。情勢は緊迫していった。このため姉は私を親戚にあずけた。当時、三里大虐殺事件があった。私が覚えているのは橋頭と川に死体と血が散乱し、遺族が遺体を確認していたことである。私は家に帰りたいと泣いたが、すでに両親が殺されていたとは知らなかった。家族の遺体は今も見つかっていない。学校に上がってからは文革の話になると教師と生徒にいじめられた。事件の謝罪については何も知らないし誰も謝りにきたこともない。

Tは小声で話し、ときたま涙を流し、悲しさをこらえていた。後に彼は党から中学の仕事をもらった。償いの意味だったのだろう。私は彼の苦難の人生を思い涙をこらえることができず彼の肩を抱いて痛哭した」（『食人宴席』鄭義・著、黄文雄・訳、光文社）から。

第五節　軍隊の内戦発生と毛沢東の方針転換

【武装内戦状態へ】――全国のあらゆる組織で毛沢東の「造反有理、革命無罪、造反奪権」が叫ばれ、暴力で既存の体制が破壊された。まさに無制限の無法状態が広がったのである。そして闘争は大義のない生死の問題になり負ければ無条件で否定されたため、闘争は兵器を持ち出す武闘に発展した。兵器は地域の民兵組織が保有していた。

【共産軍内の闘争】――毛沢東は軍隊にも革命奪権を呼びかけたので司令官は自分を守ることが必要になった。その最大の例が、武漢駐屯地の紅衛兵同士の戦闘である。一九六七年四月から二ヶ月間、武漢の左派と保守派の紅衛兵が対立し、武器を使った戦闘が二百五十回にわたり繰り広げられた。死傷者は一万人以上に上った。保守派の紅衛兵は軍用車を百輌以上動員し市内をデモ行進した。紅衛兵の武闘は他の軍部隊にも拡がり内戦へ発展した。そして翌五月から六月にかけて、河北省石家荘、四川省成都、河南省鄭州、甘粛省蘭州、重慶、黒竜江ジャムス、安徽省淮南、湖南省長沙、四川省イーピンなどの各地で数千から数十万人が参加する大武闘が発生し、死傷者は数百から数万人に及んだ。こうして全土の被害者数は天文学的に増大して行った。

【拡大原因】――文革がこれほどの規模に広がったのは、国民の間に共産党独裁に対する長年の怨恨と鬱憤があったからという見方がある。そして文革騒乱で共産党幹部の長年の汚職、腐敗、横暴振りが暴かれると、紅衛兵運動はさらに激化した。毛沢東の革命委員会は、各地で失脚させた共産党幹部を数千人単位で山奥の強制収容所に送りこみ、迫害処刑した。

第六節　文革の終焉

【毛沢東の脱出と方針転換】――毛沢東は一九六七年、武漢の混乱を収めるために現地に入ったが収拾できず、自分が危険になってきたので周囲のすすめで飛行機で上海に脱出した。しかし、上海やいくつかの都市では人民政府（コミューン）設立の動きが始まった。国家の分裂である。そこで**毛沢東は文革の矛先が自分に向かって来たことを理解し、**文革を止めさせ運動の方向転換を図ることにした。彼の造反有理の破壊論理はあくまでも敵を倒すための道具であり、自分の権力は別であったのである。

【文革の終わり】――一九六七年「生徒は学業に戻れ」という文革停止の呼びかけが始まっ

た。一九六八年にはそれまでの紅衛兵の国内無料移動は禁止された。そして毛沢東は彼らに援農学習を呼びかけた。この本当の目的は全国の大騒乱を止めるために騒動を起こしている都市の高校生など青年を遠隔地に隔離することだった。そしてこの**僻地移住の「下放政策」は毛沢東の死後二年まで約十年間続けられた。**

【用済みの紅衛兵】——これを受けて文革の暴動で興奮していた都会の若者は、農民を指導し僻地体験に学ぼうと意気に燃えて率先し奥地に移住した。しかし僻地に移住した青年達は、奥地の厳しい生活条件と文化慣習のまったく違う農民の冷たい目にぶつかった。農民達は武闘時代の迫害の犠牲者だったから、報復し若者の中には殺されるものも出た。このため青年達はそれまでの誇大妄想気分が吹き飛び、皆都会に戻りたがったが許されなかった。中には許可なく都会に戻ったため戸籍を失うなどたくさんの悲惨な事件が起きた。武闘時代の略奪体験から犯罪者に成り下がる者も出たという。

　しかし一九七〇年代に入るといろいろな口実を設けて次第に都市に戻ることが許され始めた。そして一九七八年、下放政策は廃止された。しかし**この間、青年に正規の教育が与えられなかったので、世代の知的文化能力が失われた。**彼ら都市の若者は毛沢東に利用され人生を奪われたのである。日本に帰化した内モンゴル人のY氏は、高校時代に大学入試の答案の処理を手伝ったが、文革世代の受験者の中には易しい問題にもかかわらず名前以外は全く白紙の者がいたという。しかし結果を見るとそれでも合格していた。**現在の中共の最高幹部はこの世代に属するので正式の教育を受けていないという。**

第七節　四人組の独裁

【文革内部の抗争】――毛沢東の奪権の文革内乱自体は一九六六年に始まり三年で終わったが、その後も奪権した毛沢東の独裁が彼の死亡する一九七六年まで続いた。この間「**四人組**」と**呼ばれる毛沢東の側近達が各地の革命委員会を通して全国を支配した。**彼らは専横を極めたので国民から恐れられ憎まれた。白骨の悪魔と呼ばれ恐れられた江青夫人は紅衛兵を使って、憎んでいた共産党幹部の宋慶齢（孫文未亡人）を襲わせ、髪の毛を切り、彼女の両親の墓まで破壊した。彼女は上海で多数の人を殺したが、それは自分が上海で女優をしていた時代に国民党に逮捕された事実があり、その醜聞を知られるのを恐れて、関係者を口封じのために殺したという。

毛沢東が混乱を収めるために実務派の周恩来と鄧小平を重用すると、四人組は二人に対立した。また四人組側の内部でも闘争があり、軍を掌握していた林彪は一九七一年、失脚を恐れて飛行機で脱出を試みたが外モンゴルで墜落死した。この事件を知って中共国民は文革という毛と江青の二人店で仕事がなくなった番頭が飛び出したと揶揄したという。

【日本人の見た江青の不評】——一九七四年、四人組の独裁時代に訪中した作家の有吉佐和子は国慶節に招かれた。

「野外スタジアムに出かけていったが、親しい作家は誰も姿を見せなかった（著者注：殺されるか監禁されていた）。突然、拍手が沸き上がった。皆立ち上がって拍手している。見ると高齢の朱徳将軍が姿を現し階段を降りてくるところだった。……そのうち眼鏡を掛けた女性が貴賓席に降りてきた。毛沢東夫人の江青だ。しかし不思議なことに拍手は一つも湧かなかった。みな打上げ花火を見ていた」（『有吉佐和子の中国レポート』新潮社）

【強制収容所の父親慰問】——文革の革命委員会は全国各地に強制収容所を作り、一千万とも言われる失脚した共産党員を収容していた。収容所では重労働と栄養不良で数百万人もの死亡者、自殺者が出ていた。女子高生のユンは奥地の父親を慰問に行く。父親は共産党の地方の幹部だったが、文革で失脚し強制収容所に入れられていた。

「私は成都からトラックに乗せてもらい三日走り、奥地の米易の収容所についた。深い谷のロープの吊り橋を渡ったが、周囲の自然は花や鳥が遊び美しかった。この巨大な労働キャンプは元の強制収容所で、それまでいた囚人がさらに奥地に送られた後、文革で失脚した少し刑の軽い共産党幹部が数千人収容されていた。

一年ぶりに見る父は痛ましくて、胸が張り裂けそうだった。レンガの籠を担いでよろよろと中庭に入ってきた父は目で愛情を示した。私は狂気の再発がないことを知って安心した。父は八人部屋で暮らしていた。みな口をきかない。革命委員会の標的にされているからだ。一人は重労働と飢餓でふらふらになり重労働の軽減を要請したが、結果はさらに攻撃されただけだった。そして作業中に倒れて死亡した。妻も自殺したという。

ここには文革の造反派のリーダーもいた。たくさんの人が恨みや嫉みで捕らわれ迫害され死んでいった。自殺者も多く、峡谷の奔流に身を投げた人も数知れない。夜の静けさの中でこの河の咆哮は何キロにも渡ってこだまし、人々は亡者の嗚咽のようだといって気味悪がった。

……私はここに三ヶ月いて父を励まし作業も手伝った。父は最下層の仕事をさせられていた。

……地域は貧しかった。父は『役人はもうたくさんだ。家族みんなでここに来て平凡な農民の生活が出来たらどんなにいいだろうね』といった。一旦、共産党員になったら抜けるという選択があり得ないことを知りながら父は夢想した。

……子供の頃、社会は不正にまみれていた。だから共産党に入ったのは公正な世の中を作りたかったからだ。しかし人民の役に立ったか？　何のための苦労だったのか。確かに死刑命令も出した。それは強盗団の頭目だった。もしお父さんがこんなふうに死んだら、もう共産党を信じることはないぞ」（『ワイルド・スワン』ユン・チアン著、講談社）から。

第八節　ニクソン訪中

【体調管理】――――「一九七二年二月、厳しい中ソ対立の中、ニクソン大統領が北京を訪問することになった。毛沢東は衰弱していたので、医師団は毛沢東の健康回復のために必死に働き、肺の感染症は抑止された。そして一週間前から歩行のリハビリを行った。当日の毛沢東は見たことがないほど興奮していた。毛沢東が早くニクソンに会いたいというので、毛沢東の部屋から、米国から贈られた人工呼吸器など医療器具を隠した。

……ニクソン大統領が到着した。二人の対談は十五分の予定だったが六十五分も行われた。私は隣室で待機し、毛沢東の健康に異常が起きたらすぐに救護できる用意をしていた。会談は成功し、その後、毛沢東の健康は改善されていった」（『毛沢東の私生活』李チスイ著、講談社）。

【ニクソンの回想】――――『ニクソン回顧録』（小学館）から抜粋。

「……私は訪中前に一九三〇年代から毛沢東に会っているフランスのA・マルローから話を聞いていた。彼は『毛沢東が後継者がいないというのは、自分が二度とないような世界の激動が生み出した指導者である、ということでしょう。私はかつて毛沢東に自分が過去の偉大な皇帝たちの後継者と考えていないか、と聞くと、彼は勿論私は彼らの後継者だ、と答えました』と言った。

……北京の迎賓館に着くと毛沢東がすぐに会いたいと言っているという。……我々は紫禁城内の簡素な造りの、本や書類で溢れた部屋に招き入れられた。彼は私の手を一分間以上握り続けた。毛はうまく話せなくてね、といった。ほぼ一ヶ月、気管支炎だったという。

ニクソン

日本についても話題になった。当時ソ連も日本に手を出していたからだ。毛沢東は生気に満ちていたが、疲労してきたことも明らかだった。周恩来が心配そうに何度も時計を見ていた。毛沢東は私の本『六つの危機』について悪くないと言ったので、私はずいぶん本を読んでいますねと言って笑った。毛沢東は歩いてドアの所まで送ってきた。最近気分が優れないというので、元気そうに見えますよ、というと、見かけは当てにならないものです、といって肩をすくめた。

周恩来は驚くほど博識で七十三歳という高齢にも拘わらず長時間の対談を行った。日本については、周恩来が日本を警戒していたので、私は米国が安保条約を結んでいる方が良いと述べた。訪中の最後に発表された上海コミュニケでは、米国は日本との友好関係を一層発展させるとしたが、中国は日本軍国主義に反対し、独立中立の日本を支持する、と表明した」

第九節　毛沢東と周恩来の死

【周恩来の死】――一九七六年一月八日、周恩来が死亡した。周恩来は膀胱ガンが見つかっていたが毛沢東に手術を禁じられていたので、手術の許可が下りたときは手の施しようがなかったという。毛沢東は内心、周恩来が自分の死後、後釜に座り自分の天下を否定することを恐れ警戒していたといわれている。最後まで信用していなかったのだ。こうした**自分の晩年が迫ると側近を殺す手法は、漢の劉邦や明の朱元璋に似ている。独裁者の習性なのかもしれない。**

国民は周恩来を毛沢東の暴政から守ってくれていた守護者と思っていたので大変悲しんだ。しかし毛沢東はこの追悼も政敵の自分に対する批判と受け止め、葬儀に欠席し、報道関係には大きく扱わないように指示した。しかし、**四月の慰霊の清明節には五十万ともいわれる多数の人々が自然発生的に天安門広場に集まり花束を献花したので、毛沢東は一万五千人もの警備部隊を派遣して追い散らした。これが「第一次天安門事件」である。**

このため国民の間に、周恩来の追悼を妨害する毛沢東に対して批判の空気が生まれた。**この事件により、復権していた鄧小平は再度追放された。**なお、周恩来は火葬を希望した。死後、国民の報復で墓を暴かれ屍体を鞭打たれることを恐れたからという。しかし彼がもっと早く死んでいれば、文革騒乱の被害はあれほど拡大しなかったという意見もある。

【唐山大地震】――一九七六年七月二十八日、北京を含む華北一帯が大地震に見舞われ、北京東方百六十キロにある唐山の町が壊滅し、二十五万人以上が即死した。古来、天災地変は政治の大変化の予兆といわれてきた。

【毛沢東の臨終】――**一九七六年九月九日午前零時、八十三歳の毛沢東は北京の中南海（紫禁城）で死亡した。**革命後二十七年間付き添っていた李医師によると、毛沢東はルー・ゲーリック病という珍しい不治の病気に罹っていた。これは次第に筋肉が萎縮し最後は呼吸が止まるのである。そして毛沢東は長年の喫煙で肺も心臓も弱っていた。毛沢東は一九七一年の後継者、林彪のモンゴル逃亡事件以降は覇気を失いふさぎ込み不眠症に陥り、病人になっていた。李医師は次のように記している。

「……主席お呼びでしょうか、毛沢東は目を開き唇を動かそうとした。『ああ……ああ……』しかし頭脳ははっきりしていたが、声は言葉にならなかったのであった。やがて華国鋒以下四名が毛沢東の枕元に集まった。私が毛沢東に大丈夫ですよ、というと一瞬、主席の目の色は満足しているように見えた。しかし息を深く吸い込むとまぶたが閉じられた。右手が私の手から滑り落ちた。心電図はすっと一本の直線に変わった」（『毛沢東の私生活』李チスイ著から）

【女学生の感慨】――「一九七六年九月九日午後二時ごろ、重要な放送があるので全員校庭に集合するように指示があった。三時ごろ学部の党書記が登場し、彼女は悲しげな顔で絞り出すように言った。『我々の偉大な領袖毛沢東尊師がお亡くなりになりました』私は途方もない幸福感に一瞬ぼうっとなった。しかし防衛本能が働き、泣きじゃくっている女学生の肩に顔を埋めそれらしくするように努めた」

【毛沢東とは】――「毛沢東が死んでからいろいろ考えた。思想家といわれているが実態は絶え間なく権力闘争を起こした。これは彼の人格の延長だったのかもしれない。彼は生来、争いを好む性格で、煽る才能に長けていた。嫉妬や怨恨などの人間の醜い本性を巧みに把握し、利用する術を心得ていた。彼は人民が互いに憎み合うように仕向けて国家を統治した。そして倫理も正義もない憎悪だけの社会を作り上げた。

毛沢東主義のもう一つの特徴は無知だ。彼は大衆が知識階級を憎んでいることを知っていた。そこで一握りの知識階級が大衆の餌食になった。毛沢東自身、正規の教育を受けた人を憎んでいた。そして建築、美術、音楽など自分が理解できない分野の価値を認めず、輝かしい過去の文化遺産まで否定し破壊してしまった。そして醜いだけの国を残していったのである」

【四人組の末路】――「毛沢東の死後一ヶ月して十月六日に、十年近く専横を極めた四人組が逮捕された。しかし彼らを守ろうとした勢力は一つもなかった。軍も警察も衛兵さえ見放した。彼らを支えていたのは毛沢東一人だったのである。私はなぜ九億もの民が、長い間蹂躙されなければならなかったのか分からなかったが、実は四人組ではなく五人組だったのである。
私は家族と上等の酒で祝杯を挙げようと酒屋に行ったが、すでに全部売り切れだった。皆同じ事を考えたのだ」（『ワイル・ドスワン』ユン・チアン　講談社）
なお、江青は裁判で無期懲役となったが、法廷では「自分は毛沢東が怖かったから指示通りに動いた。当時はお前達も同じであったろう」と開き直ったという。その後、仮釈放中に自殺した。

【幹部陳雲の毛沢東評価】――自宅軟禁されていた幹部の陳雲は解放された。彼は毛沢東を評して次にように語った。
「亡くなったのが一九五六年（大躍進・大飢餓直前）であれば、毛沢東は間違いなく中国人民の偉大な指導者であったと言い切れたことだろう。一九六六年（文革・内戦直前）であればその業績に多少傷はあるものの、全体としてはやはり素晴らしい指導者だったと言えただろう。しかし実際には一九七六年であったから、我々としてもお手上げなのだ」（『天安門に立つ』H・ソールズベリー著、日本放送出版協会）

第二十二章　鄧小平の資本主義革命（経済の改革開放）

【党の復活】——一九七六年、皇帝の毛沢東が死亡すると、主席の華国鋒と鄧小平を筆頭とする失脚していた旧共産党勢力の抗争があったが、華国鋒には鄧小平ほどの経歴や経験がなく失脚した。鄧小平は大規模な調査機関を作り、文革で迫害された党員を救済し加害者を処罰した。劉少奇の未亡人の王公美は牢屋から救出された。そして荒廃した国家経済の立て直しを始めた。国民は鄧小平の新しい時代の到来を歓迎した。

【文革隠蔽指示】——鄧小平は、文化大革命は醜い歴史だから、忘れられるように隠蔽を指示した。だから**現代の中共の歴史では毛沢東の第二革命（文革）は隠されており、中国の一般の若者は当時何があったのか知らない**という。

【権威は毛沢東】——一八八一年、毛沢東の業績は党から否定された。しかし鄧小平はフルシチョフのスターリン批判のようには毛沢東を完全否定できなかった。それは混乱の原因が共産党の独裁体制そのものにあり、暴政の加害責任者が多数生存していることと、共産党には毛に代わる権威がなかったからであろう。このため天安門には今も毛沢東の肖像画が掲げられている。

第一節　鄧小平とは

鄧小平は一九〇四年、四川省北部の比較的裕福な家に生まれた。身長百五十センチの小男であったが非常に有能だったので毛沢東は、真綿にくるんだ針のような男だと呼んだ。十六歳の時、伯父とともに、労働学生プログラムを使ってフランスにわたり現地でソ連が指導する共産主義運動に入った。従って党歴は五〇年以上に及ぶ。その後モスクワで訓練を受けたが、同級生に蒋介石の長男経国がいたという。

鄧小平

一九二七年に帰国すると地下活動に入り、毛沢東の子飼いとなった。毛沢東とは党内闘争でともにソ連派から攻撃されたことがあり、毛沢東の信頼が篤かった。毛沢東はモスクワでフルシチョフに「彼の前途は洋々としています」と語ったという。自分の後継者の候補者であったのだろう。このためその後の大躍進政策の飢餓大発生では劉少奇や周恩来と共に毛沢東の失政の収拾をしたが、その後の第二革命（文化革命）では劉少奇や他の幹部と違い、田舎のトラクター工場に追いやられただけで殺されなかった。その後、文革が終わると中央に呼び戻され、周恩来と文革の被害の回復につとめたが、周恩来死去の際の国民の自然発生的な慰霊行為を理由に、四人組から再度追放された。そして毛沢東の死後また復権して指導者となった。まさに不倒翁（起き上がり小法師）である。

第二節　鄧小平の資本主義革命

【資本主義革命】――――鄧小平は党内の権力を掌握すると、農業の請負生産を拡大し、共産主義独裁には禁断である経済の資本主義革命を始めた。これは共産主義から資本主義に移行するという、マルクスの唯物史観を逆行させる反動政策である。しかし彼は、半分乞食状態の極貧に陥った国民をみて共産党の国民収奪政策の限界を知り、富を作り出すための経済自由化政策に大転換したのである。彼の信条は「白い猫でも黒い猫でもネズミを捕る猫は良い猫だ」とされているから教条主義ではなく実利主義者だったのだろう。この結果、**毛沢東時代にはあれほど否定されていた金持ちが肯定される存在になった。**そして社会に早い人から金持ちになろうという呼びかけが始まると、**中国人は本来の企業家精神を発揮し働き始め、農村には万元戸という豊かな農家が**

発生し、外資の投資が始まった。

【パンドラの箱】――しかし経済の自由化は情報の自由化を伴うから、本来は独裁の天敵である。だからこそソ連は独裁を優先して経済発展を抑圧し自滅したのである。このため鄧小平は党内の左派の教条主義者に対して、経済開放政策は西側の経済を利用して武力を強大化し西側に勝利する「だまし戦略」であると説明したという。しかし経済は政治制度の基礎構造なので、必ず上部の政治制度の変革を生む。だから鄧小平の発言が本気だったのか、あるいは密かに将来の共産党独裁の廃止を織り込んでいたのかは分からない。しかし鄧小平はあえて経済自由化というパンドラの箱を開いた。

【経済自由化の光と影】――鄧小平の資本主義革命政策により中共には西側の富が流入し経済の空前の大発展が始まった。それと同時に情報の自由化が生まれた。富は国民生活のいろいろな分野に使われ、国民生活は毛沢東時代とは比べものにならないほど向上し、国防も米国に追いつくほど強化されたが、他方、**情報の自由化により国民の共産党独裁への不満が拡がった。**

第二十三章　現代の習近平時代と課題

第一節　習近平とは

【太子党】――――現在の指導者、習近平は一九五三年、陝西省で生まれた。

父親の習仲勲は周恩来に次ぐ国務院副総理という高官であったが、一九六三年の習仲勲反党小集団事件で失脚した。これは権力闘争で、この事件を使って、一九五九年に失脚した彭徳懐の復権の動きを押さえ込む狙いがあったという。この事件関連で失脚、粛清された人は数千人に上った。

このため息子の習近平は下放され、毛沢東の死亡するまで地方で辛酸をなめたという。しかし毛沢東の死後、父親が復権したので、中共の一流大学である精華大に入学している。その後は党内の複雑な派閥争いを勝ち抜いて二〇一三年、最高指導者になった。**これは偶然ではなく相当の能力がある証拠である。**

以下、現在中共が抱えている重要な問題を分析してみよう。

第二節　中共経済の基本構造

【食糧・エネルギー確保】――中共の経済問題の原動力は食糧問題である。中国では古来、固有の生産力でまかなえる人口は四億人といわれているから、中共の総人口を十四億とすると過剰人口は十億になる。そこでこれらの人口を賄うための食糧とエネルギーを輸入する外貨が必要となる。これが政権を支えるための最低の政策義務である。しかし中共には付加価値のある輸出品は労働力しかない。そこで外資の投資を呼び込むことが最優先政策になった。

第三節　現代中共の諸問題

【国際紛争の多発】――鄧小平の資本主義の導入は大成功したが、独裁体制のままであったので矛盾を生じた。経済的には世界の工場として国家と国民が非常に豊かになったが、経済発展に伴う情報化により国民の党独裁への不満と言論の自由を求める声が高まったのである。また政府に道徳がなく法律を守らないため国際的な経済問題、領海紛争を引き起こすようになった。国民の不満は独裁統治に対するもので、その解決はどのような経過を辿るか不明であるが、最終的には国民が参政権を持つ民主化になるだろう。国際紛争は経済と領土問題で、米中経済紛争と日本を含む各国の大きな防衛問題になっている。

【情報化と国内問題】――経済発展により人と情報の移動が自由になった。このため価値観が多様化し、共産党の権威が低下した。そしてSNSの普及により国民の間にそれまで押さえられていた様々な不満が共有され拡がっている。これは共産党の独裁制度に対する不満である。その最大のものは言論の自由など人間の基本的な欲求である。次に社会的な平等であり、これは具体的には共産党員を支配階級とする身分制度の廃止である。そして公平性である。これは法的な公民権の実現である。

【国民の要求】――これらの**大衆の不満が表面化したものが一九八九年の天安門事件の悲劇である。**これは民主化を求める若者が北京の天安門広場に多数集まったところ、共産党政府が軍隊を出して弾圧した事件である。この武力鎮圧の犠牲者は一説には二万五千人に上るという。遺族の恨みは深く残っており今も声を上げている。これに対して共産党はひたすら事件の隠蔽を図るだけで、国民の反感は強くなる一方である。二〇二〇年の武漢コロナウイルス事件では、政府幹部の現地訪問に対して武漢市民から罵声が浴びせられた。また、中共の一流大学の教授が自由化をもとめて政府に公開書簡を発表している。毛沢東時代には全く考えられないことである。これも共産党の権威が低下した証拠である。

第四節　国際問題

【経済摩擦と中共回避】――これは中共の米国など西側に対する特許など知財不正利用にともなう紛争である。米国が抗議しているが一向に改善されない。このため米国は高関税政策で中共製品の輸入をブロックし始めた。これにより中共で生産して米国へ迂回輸出していた西側企業は、第三国に工場を移し始めた。さらに今回の武漢肺炎事件で西側世界は中共に製造を依存しすぎていることに気づいたので、戦略的にサプライチェーンの大変革が起こるだろう。

【侵略問題】――中共は莫大な利益を軍備に費やし強大な軍事力を築いたがこれを使い南シナ海の珊瑚礁の埋め立て、海洋の支配、東シナ海の日本への圧力などの国際紛争問題を起こし、米国と軍事的対立を深めている。特に武漢肺炎事件の最中に、ハワイ沖で軍事演習をして米国を威嚇したので国家としての信用を失った。日本の尖閣周辺にも中共の公船が接近し威嚇している。これでは到底、友好国ではない。中共は対米貿易を不可欠としているので、米国と対立する政策は本来あり得ないことであるが、あえて挑戦を繰り返す中共内部の事情は分からない。

第二十四章　日本の対中対応

第一節　対日「笑裡蔵刀」の策

【中共人と自由中国人】――――日本は一九七二年、中共と国交を開設したが、中共は日中友好といいながら攻撃してくる。これは兵法三十六計の「笑裡蔵刀《しょうりぞうとう》（顔で笑って手にナイフ）」の裏切り戦法であり、油断していた日本は大きな被害を受けている。日本人は中国に近く、また豊富な歴史的文化的な経験があるのに、**戦後の対中外交は失敗の連続である。**これは苗剣秋氏によると、日本人に次の四つの間違いがあるからという。

①支那事変に誤った贖罪感を持っている。しかし本当は加害者ではなく被害者なのだ。戦争の正しい因果関係を知り贖罪感の弱気から脱する。

②中共の正体を知る。これは中共が自由、民主主義のない野蛮で遅れた国家であるという認識である。したがって警戒が不可欠である。

③民族性の違いに気づく。戦後の日本人は騙されて、日本人と支那人の民族性の違いを知らない。また**戦前中国と関係が深かった人は、戦後の中共人と自由中国人とを混同した**。しかし中共人は自由中国人とはまったく異質の人間なのだ。特に幹部は国民の迫害を常習としているので傲慢、残酷であり、西側の自由な国民のような人間性はない。

④国防回復が最優先。日本人は対中問題で取り組むべきなのはまず国防であることに気づいていない。米国は蒋介石が戦後日本人に忠告したように当てにならない。また大疫病が米軍を襲えば巨大な軍事力をもっていても戦闘力を失ってしまう。自衛は裏切らない。

第二節　日中民族性の違い

【騙されない要点】――現代日本人は中国人の民族性を知らないので騙されると言われる。そこでカネミ倉庫元会長の加藤三之輔氏の意見を紹介する。加藤氏は戦前、父親の後を継いで北支に広大な大農場を経営し、八百名もの自衛部隊を抱えて治水、農業指導を行っていた。戦後、蒋介石に捕らえられ無期懲役とされ上海、巣鴨刑務所で七年間服役したが、昭和二十七年の講和条約で釈放された。脚には上海時代の鉄鎖の傷跡が残っているという。中国人を熟知した人である。(『正論』誌　平成十四年十二月号から)括弧内は筆者の意見である。

【中国人の見方】――「日本人は中国人に騙されがちだ。李徳清という元馬賊の頭目は私を可愛ってくれた人であるが彼は『貴方や日本人はすぐ中国人を旧知の人のように扱う。しかし中国人の本当の姿は三年は付き合わないと見えないものだ』と注意した。だから私は中国人を見る時には常に警戒し、良い奴は逆に変だなと思う。これはどんなに逆に見ても過ぎるということはありません」（偽装と絶対不信の世界である。日本人的信用は禁物）

【義理人情なし】――「一般に中国人は恩や義理というものは考えない。自分にとっての損得だけです。そういうことを知って中国人と付き合わなければならない」（割り切る）

【贈賄の名人】――「中国人はご馳走したりお金を握らせたり女を抱かせるのは達人ですよ。そして証拠を握ってしまう。私が戦後訪中すると八十歳なのにどんな女がよいか、と聞いてくる」（最近の議員の収賄汚職が良い例である。日本人は簡単に弱みを握られてしまう）

【中国人は力が第一】――「中国では武力のないものは一人前に扱われません。共産党が一人前に扱う人は武力を持っている人だけです。これは外交でも仕事でも同じです。その次は金ですが、これは巻き上げるためです。福田（赳夫）総理のような人命は地球より重い、などという考えはまったく通用しません」（偽善やおだて、迎合は通じない）

【日本の進路】――「彼らは一度も日本軍に勝ったことがないので内心怖れを抱いている。そして日本人を怒らせると怖いと知っている。だから日本人を腐敗させようとする。日本人に対する彼らの動きは、日本が自衛隊をある程度自主的に使えるようになるとぱっと友好的に変わります」（もちろん油断してはならない）

【中共の将来予測】――「あれだけ無茶苦茶に威張って、金をポケットに入れて、法輪功など無茶苦茶に殺すでしょう。自分の墓穴を掘るようなものだから、結局自分でつぶれますよ。十年以上は持たないのではないか」

【生き残るための嘘】――帰化した中国人の石平氏は、中国は社会が不安定なので、人々は生き残るためには知恵を駆使した。それが嘘であり騙しだった。これは社会が安定し、正直をよしとする日本と大きく違うところであると述べている。

第三節　中共の対皇室・靖国工作

【敵の標的は皇室と国軍】――中共は戦前、毛沢東が指摘したように、日本の独立国としての強さが皇室崇敬と国軍であることを知っている。そこでこの日本民族の二本柱を奪おうとする。その一つが国民軍の象徴である靖国破壊工作である。自国では戦死者の巨大な慰霊記念碑を作って祀っているが、日本人には参拝を許さない。これは独立国としてあり得ないことであるが、自民党政府は屈従している。議員まで隷従している。このため世界中が奇異に思っている。これは中共の日本の独立を奪う、全面占領への基本政策であり、さらに悪化するだろう。近年、靖国神社を公然と汚損する中国人まで現れたが、彼らは慎重に日本国民の反応を調べているのである。

【昭和天皇の英霊合祀事件】――――昭和天皇は戦後毎年、靖国神社をご親拝されていたが、一九七六年に三木内閣によりご親拝を妨害された。このため心配された昭和天皇は松平宮司に相談され、一九七八年に東京裁判で処刑された七人の指導者を靖国神社に合祀された。すると敵は**七柱を合祀したので昭和天皇がご親拝を停止されたという、時系列を逆にしたデマを流した**。これは二重の狙いがあった。すなわち処刑された指導者と昭和天皇の名誉毀損である。なお故・東條由布子氏によると、東條英機の命日には毎年宮内庁から東條家に生花がご下賜されていた。各遺族はこれを昭和天皇の感謝と顕彰のお気持ちと理解していたという。

【中曽根首相の靖国不参拝事件】――――政治責任者が殉国の英霊に感謝し顕彰するのは万国共通の慣習である。しかし中曽根康弘首相は一九八六年に突然、靖国参拝を止めた。これは中共国内事情に合わせたという意味不明の行為であるが、それ以後、殆どの総理大臣が靖国参拝を停止している（橋本龍太郎首相が一回、小泉純一郎首相は毎年で六回参拝、安倍晋三首相は第二次内閣で一度参拝している）。靖国参拝は**日本民族の殉国の英霊への感謝と顕彰であり、全国民の義務である**。それなのに大国日本の首相自らが外国におもねり非国民を演じているので世界から疑問視されている。

【外国人の不敬の罰】――苗剣秋氏によると一九三四年ごろ杜重遠という人物が「閑話皇帝」という記事を書いて日本の皇室を風刺したことがあった。このため大日本帝国政府は蒋介石に圧力を掛け、杜を一年間監禁させたことがあったという。日本侮辱を許してはならない。

第四節　日本の国防実現の論理

【現在の問題点】――日本人は危機の到来で国防強化に異論はないと思うが、占領憲法九条が自衛を禁止していると誤解している人が多い。そこでこの問題を解決する論理を知っておきたい。現在の自衛隊の問題点は、**戦後の警察予備隊のままで軍隊制度を持たないことだ。**したがって戦闘になると組織が機能できず崩壊する。中朝露はこれを知っているから、自衛隊がいくら兵器を持っていても軍事的抑止力がなく、領海侵犯や国民拉致行為が繰り返されるのである。

【憲法九条は自衛OK】――一般に憲法九条が自衛を禁止しているというが、九条は自衛を否定していない。というのは憲法とは自衛のための規定だから、自衛を否定すると憲法ではなくなり、唯のプロパガンダ宣伝になってしまうからだ。**九条が禁止しているのはあくまでも侵略戦争だけである。**侵略とは中共のように外国に居座ることだ。そこで自衛のために正規軍を持つ。実はこれが日本同様憲法で戦争を禁止している現代イタリアの憲法解釈だ。我々も真似るべきだ。

【日米安保の限界】――日米安保を考える人がいるだろう。しかし米国は自国のアジア政策のために日本に基地を置いている。だから米軍が守るのはあくまでも米軍基地であり、日本国の領土や国民ではない。事実、米国が日本国民を守っていれば、北朝鮮の日本人拉致は発生していない。米軍が日本国民を守っていないことを知っているからこそ北朝鮮は横田めぐみさんを拉致したのだ。そして米国は日本の身代わり核被曝をしない。ニューヨークが東京の身代わり被曝をしないことはどんな人でもわかるだろう。また今度の武漢コロナの伝染では米空母の乗組員が感染し四隻が機能を低下した。一方、中共の公船は尖閣領海侵犯を続けている。ということは、日本の国防は外国には頼れないのだ。

【提案】――そこで現在の自衛隊の弱点である法制度を改めて、正規軍にする。それには自衛隊に特例法で、軍法、軍法会議、憲兵隊を付加すればよい。**憲法改正も国民投票もいらないから国会ですぐに可決可能だ。**そうすれば軍事的抑止力がすぐに発生する。

【国防体制構想】――米国の大統領補佐官ブレジンスキーは具体的な軍備目標の参考として、半世紀前であるが著書『ひよわな花　日本』（サイマル出版会）で日豪同時核自衛、核ミサイル潜水艦十隻体制、六割稼働を提案している。現在の政府の憲法改正方針は、現憲法に自衛隊を加えるというものだ。しかし自衛隊が正規軍になるわけではないから、対外的な軍事的抑止力は発生しない。外国軍にとって日本の憲法は何の意味もないからである。

まとめ――あとがきに代えて

【解放と進路】――以上により支那事変の贖罪感から解放され、中共の危険な正体が分かり、日本の国防再建が急務であることがご理解頂けただろうか。支那事変については蒋介石の右腕といわれた陳立夫が戦後台湾で「ソ連が演出したもの」と述べたという。（『あの戦争になぜ負けたのか』文藝春秋）。

私は小学校時代に『西遊記』を読んだことから中国文学が好きになり、高校時代には『水滸伝』『三国志』などに親しみ、よく『論語』や漢詩を暗唱したものである。大学生になってからも『史記』や歴史書を読み、社会人になってからは中共の政治動向に関心を持っていた。

しかし中共は徹底的な秘密主義で、外国人には何が起きているのか分からなかった。ただ、国民が迫害されていることは香港や台湾経由のニュースで日本にも伝わってきた。

一九七一年に朝日新聞がエセ南京市民大虐殺事件を報道し始めた。そこで支那事変を調べ始めたが、分かってきたことはそんな事実はまったくないことであった。これは翌年の田中首相訪中を控えて、日本人に贖罪意識を植え付けるための下工作だったのだろう。

一九七二年に田中角栄首相が訪中し日中国交回復をすると、**それまでの「中共」表記が一斉に**

「中国」に変わった。中共は日本マスコミを使って、それまでの中共の悪いイメージを隠し日本人を騙そうとしたのだろう。これが現在に到る中共の対日用語工作の始まりである。

【中共の真実】――一九八〇年代、毛沢東死後の鄧小平時代に入ると、毛沢東や共産党を批判する本が出版されるようになった。その中で侍医だった李チスイの回想録『毛沢東の私生活』（文藝春秋社）は第一級の史料である。日本のメディアによって聖人のように持ち上げられていた毛沢東の恐ろしい真実が分かってきた。その後、**天安門事件が起きたが戦車の前に一人立った青年は実に偉大だ。立派な自由中国人もいるということだ。**

【呪縛からの解放】――中共運動の正体とは現代に蘇った伝統の大盗賊団であったことだ。『中国の大盗賊』（講談社）を著した高島俊男教授は、毛沢東を盗賊皇帝と評している。毛沢東自身もA・マルローの前で皇帝を自認している。また毛沢東は、スターリンからマルクス主義者ではないと言われたように、左翼ではない。赤カブだった。だから運動の思想は共産主義ではなく「易姓革命」だった。さらに今回の世界的な武漢コロナウイルス伝染事件で、日本人は中共の呪縛が解け、中共の過大評価は終わりになったと思う。

【区切りをつける】――日本人の対中対応については、自由主義中国人の苗剣秋氏の「区切りをつける」という意見をご紹介する。苗氏は戦前奉天一中、一高、東京帝大に学んだ人で、張学良の顧問を務めたことがあり、西安事件後は延安近くに隠棲し、中共要人と交際があった。支那事変中は重慶で過ごした。戦後は雑誌『自由中国』の日本駐在員になり中共を批判する広報活動を行った知日派である。

「日本人は支那事変の因果関係が分からないので、ソ連の満洲侵略と違い被害者意識が眠らされている。そこでこれを正しく知って、歴史に区切りをつけることを提案したい。日本ではＮＨＫのテレビでも小説でも過去の戦争についての繰り言が多すぎる。前向きでない。しかし日本をめぐる客観的条件はすでに過去からの脱却と新しい使命への驀進という機運を醸成しているのである。いつまでも過去にこだわる、のんべんだらりは止めるべきだ。それは世界が日本に期待していることでもある」

半世紀も前の意見であるがまさにこの忠告に尽きるだろう。我々は目を覚まさなければならない。

なお、第二次大戦全体の因果関係については『黒幕はスターリンだった』で分析しているのでぜひ本書と併せてお読みください。

日本人が対中対応の見直しを迫られている重大な時期に本書を出版してくださったハート出版の日高裕明社長、担当の佐々木照美氏に深く感謝いたします。

令和二年　初夏　　　武漢肺炎の早期収束を願って

落合道夫　おちあい・みちお

昭和18年、静岡県生まれ。北海道大学、国際基督教大学卒業。近代史研究者。専門分野は日本近現代史（大東亜戦争）、政治思想（国態思想、共産主義、ファシズム）。

アパの第一回「真の近現代史観」懸賞論文で「真の近現代史観」が社会人優秀賞受賞。著作は「黒幕はスターリンだった」アマゾン電子本、YouTube歴史思想講座に多数掲示中。

『中共の正体』で第三回アパ日本再興大賞優秀賞受賞。

中共の正体

令和２年７月15日　第１刷発行
令和２年11月22日　第３刷発行

ISBN978-4-8024-0098-5　C0021

著　者　落合道夫
発行者　日髙裕明
発行所　ハート出版
〒171-0014 東京都豊島区池袋3－9－23
TEL. 03－3590－6077　FAX. 03－3590－6078

印刷・製本／中央精版印刷